青春美文精品集萃丛书·难忘童年系列

童年是枕头边的洋娃娃

《语文报》编写组 选编

时代文艺出版社

图书在版编目（CIP）数据

童年是枕头边的洋娃娃 /《语文报》编写组选编. -- 长春：时代文艺出版社，2021.6
（青春美文精品集萃丛书. 难忘童年系列）
ISBN 978-7-5387-6730-8

Ⅰ.①童… Ⅱ.①语… Ⅲ.①作文－中小学－选集 Ⅳ.①H194.5

中国版本图书馆CIP数据核字(2021)第088251号

童年是枕头边的洋娃娃
TONGNIAN SHI ZHENTOU BIAN DE YANGWAWA

《语文报》编写组　选编

出 品 人：	陈　琛
责任编辑：	王　峰
装帧设计：	任　奕
排版制作：	隋淑凤

出版发行	时代文艺出版社
地　　址：	长春市福祉大路5788号　龙腾国际大厦A座15层　(130118)
电　　话：	0431-81629751（总编办）　0431-81629755（发行部）
网　　址：	weibo.com/tlapress（官方微博）　sdwycbsgf.tmall.com（天猫旗舰店）
开　　本：	880mm×1230mm　1/32
字　　数：	135千字
印　　张：	7
印　　刷：	三河市嵩川印刷有限公司
版　　次：	2021年6月第1版
印　　次：	2021年6月第1次印刷
定　　价：	36.00元

图书如有印装错误　请寄回印厂调换

编 委 会

主　　编：刘应伦
编　　委：刘应伦　赵　静　李音霞
　　　　　郭　斐　刘瑞霞　王素红
　　　　　金星闪　周　起　华晓隽
　　　　　何发祥　朱晓东　陈　颖
　　　　　段岩霞　刘学强

本 册 主 编：陈　颖
本册副主编：晓　月

Contents 目录

听见落叶的声音

妈妈的电动车	/ 黄橙子	002
妈妈，我想对您说	/ 张城嫣	004
爱的拥抱	/ 钟美琪	006
别样的亲情	/ 吴栩婧	008
风和雨大比赛	/ 宋怡朵	010
红金鱼和黑金鱼	/ 王若瑜	012
假如只有一个小时	/ 薛津珊	014
小白与小发	/ 赖麒鸿	016
假如我有令你幸福的能力	/ 梁辰	019
如果我有飞毛腿	/ 朱泽楷	021
听见落叶的声音	/ 邹俊孜	023
苍松	/ 杨昕戈	025
莫负最美时光	/ 赵苏慧	027
我和我的家人	/ 陈昱萱	029
藏在守望中的爱	/ 赵昕杰	032
孝是一个动词	/ 陈芯墨	034
影子妈妈	/ 林可萱	037

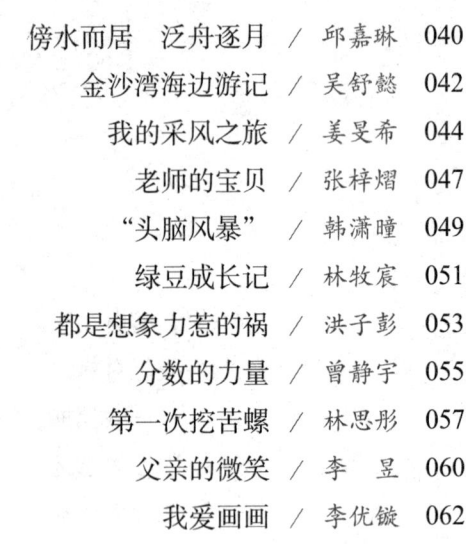

童年是枕头边的洋娃娃

角落里的温暖

| 傍水而居　泛舟逐月 / 邱嘉琳 040
| 金沙湾海边游记 / 吴舒懿 042
| 我的采风之旅 / 姜旻希 044
| 老师的宝贝 / 张梓熠 047
| "头脑风暴" / 韩潇曈 049
| 绿豆成长记 / 林牧宸 051
| 都是想象力惹的祸 / 洪子彭 053
| 分数的力量 / 曾静宇 055
| 第一次挖苦螺 / 林思彤 057
| 父亲的微笑 / 李昱 060
| 我爱画画 / 李优镟 062
| 盼望 / 黄海鑫 064
| 修钟 / 黄嘉晋 067
| 一日走过春夏秋冬 / 邹俊孜 070
| 秋 / 张积航 073
| 角落里的温暖 / 刘泽 075

阳光很好，你若尚在

给哈克·贝利·费恩的一封信 / 赖麒鸿 080
遇见鲁提辖 / 绍浚 083

世上没有十全十美的人	/ 李少杰	085
荒岛求生	/ 陈佘和	088
秋意浓	/ 王灵婕	092
美丽的秋	/ 张佳慧	094
阳光很好，你若尚在	/ 张诗颖	097
相约秋天	/ 周子淇	099
二十年后回故乡	/ 阮 越	102
智能化的未来世界	/ 郑子睿	104
未来教室	/ 汤舒然	106
我的哥喜	/ 王天行	108
心爱的卷笔刀	/ 蒋 恩	110
我所失去的	/ 王大山	112
听沈石溪聊写作	/ 赖挺华	114
完美老师大拼贴	/ 苏子博	117
牛奶"不倒翁"	/ 林轩亦	120
"听写"大赛	/ 叶子罕	123

最美的夕阳

那片花	/ 黄雨诗	126
最美的夕阳	/ 余涵靓	128
自行车的后面的爱	/ 黄婷玉	130
外婆，我想您了	/ 林可伊	132
我是小小志愿者	/ 林子荃	134

"女国"与"男国"之战　/　周祉辰　136
我班的"武器"和"机器"　/　叶展　138
我会武林大扫除　/　林杰　141
小木偶寻父记　/　苏子博　143
奇妙的旅行　/　周子淇　146
鼻子出走记　/　石竹　149
蒲公英旅行记　/　程昕珺　152
植物的启示　/　孙艺宁　154
大自然的舞台　/　邱镇海　156
野趣侠客谷　/　蔡瀚洋　158
板栗人生　/　樊文慧　160

会开花的梦想

外婆的集邮册　/　王泽睿　164
会开花的梦想　/　阮诗越　166
节日里，那热闹的街上　/　许一山　169
捉鼠记　/　笑匠　171
"急性子"与"慢性子"　/　黄橙子　174
妈妈"失踪"了　/　唐熠轩　176
那两个有趣绰号的由来　/　苏雾松　178
"无机人"的一天　/　林杰　180
抽屉历险记　/　林子荃　182
养猫　/　陆玺同　184

盲鼠摸象 / 苏子博 186

我是一棵树 / 陈姝蕾 189

拔牙三部曲 / 郑秉坤 191

家乡的小巷 / 李娴 194

抽象画总动员 / 叶展 196

那一杯牛奶 / 姜涵钰 198

丰富多彩的叶贴画 / 李芷宁 200

秋姑娘 / 黄辛桅 203

那天的笑声 / 刘好婕 205

门，开了 / 林晨悦 207

爸爸的背上 / 张楚涵 209

冬日·细雨·母爱 / 蒋丁凌 211

走过那一拐角 / 吴斯涵 213

听见落叶的声音

妈妈的电动车

黄橙子

那辆黄色的电动车,是妈妈在我上一年级的时候特意买回来载我上学的,转眼间我四年级了,电动车不知不觉陪着我走过了四个春夏秋冬。

它就像老朋友一样每天默默地陪伴在我身边,从一开始全身橙黄,闪着金子般耀眼的光芒,到后来满身的灰尘和伤痕,却从来没听它有过一声怨言和牢骚。它像个沧桑的老人,一天又一天深藏着自己的喜怒哀乐,却从不随便向人诉苦,有的只是无声地付出。

电动车每天尽心尽力地载我上学,风雨无阻地接我放学,带我上各种各样的兴趣班,我们之间默契又互相依赖着,谁也离不开谁。不是吗?你看车前那个白色格子的小篮子,有了它,我再也不用担心我那沉重的书包压得我腰酸背痛了;每次上课快迟到的时候,也是它,犹如一匹骏马飞似的载我到学校;在我伤心难过的时候,坐在车上,烦恼和忧愁便随风飘散;演出归来,靠在它小巧又结实的靠背上,所有的疲惫在一颠一颠的路途上慢慢地烟消云散了。

我爱妈妈的电动车,感谢它这么多年来无声的陪伴。我喜欢在夏天的黄昏,它慢慢载着我,和夕阳一起回家。

妈妈，我想对您说

张城嫣

亲爱的妈妈，您好吗？

在这个阳光明媚的下午，我想同您好好地聊聊天，好吗？

妈妈，您刚刚动完一场大型肿瘤手术。我记得那一天您被推出手术室的时候，一脸茫然，脸色惨白得如同大理石一般！那一刻，我觉得心好疼。本来您在工作和生活中压力就大，再加上正处于逆反期的我给您添了不少气，导致您不得已上了手术台。我很后悔当初的所作所为。

妈妈，您知道吗？我多么希望时光可以倒转，回到过去。那时，虽然家境并不富裕，但我们一家子和和美美，快快乐乐，过着无比温馨、无比幸福的小康生活。妈妈，记得吗？在我十岁生日的那一天，您为我买了一个大大的凯蒂猫生日蛋糕，为我请来了不少小伙伴，还预先在五星级饭店订了位，为我举办了一场盛大的生日派对。当我在收下伙伴们的礼物，与她们分享快乐的时候，您却默默地站在一边望着我们，脸上带着充满慈爱的微笑。我望向您，心里头充满了感激。

还有一次，我发烧到了40.5度。那时的您，眉头紧皱，心急如焚，飞快地取了就诊卡就和爸爸一起把我送到了医院。挂号、就诊、抽血、输液、取药……一连串的手续让您在大医院跑上跑下，忙得不可开交。等事情办好回到家中，您的额头上早已是密密的汗珠。您顾不上休息，一直忙到我烧退了才肯休息。那时，您紧皱的眉头放松了下来，露出了微笑，我的心中却有些酸酸的。

妈妈，同您说了这么久，我只想告诉您：感谢您多年来的养育之恩。过去，我们多么幸福呀！可惜时光是无法倒转的。现在，我只能说：珍惜现在的每一分每一秒，让我们互相陪伴着彼此，坚强地在未来的道路上越走越长，越走越远，好吗？

爱的拥抱

钟美琪

"同学们,现在发试卷。"原本坐在教室里的我正低着头,用一只手的手指头抠着另一只手的手掌心,却被我们班的数学老师何老师的一句话给吓住了。我很慌忙地抬起头,脸上布满了汗珠,目光凝视着小组长。终于,小组长走到了我面前,他把他手中一张写有我名字的试卷放到了我的桌面上,我的目光马上转移到了我试卷的左上角,天哪,这是我人生中考得最差的一次,犹如晴天霹雳,劈在了我心头。

放学,跟老师说完再见,我就一路哭着跑回家去。回到家妈妈说:"小琪,快来……",妈妈的话还没说完,我就跑进房间,房门被我"啪"的一声关上了。饭做好了,妈妈到我房间门口敲门叫我吃饭,过了许久,我都没有出声,妈妈就打电话给何老师,问:"今天在学校发生了什么?"妈妈了解事情后,就拿了我房间的钥匙,把我房间的门给开了,妈妈看我眼睛都哭肿了,用手擦了擦我的眼泪,对我说:"孩子,事情我都知道了,考试考不好,下次再努力就好了呀!"我哭得太久了,说话很吃力,我一个字一个字地说:"我,知,道,这,一,单,元,我,掌,握,得,不,好,可,是,我,已,经,很,努,力,了。"我停顿了一会儿,终于把气缓了过来说:"我这一单元考不好,我怕成绩就从这么跌下去,一落千丈,再也考不好了。"妈妈摸摸我的头,把我轻轻抱在怀里,温柔地说:"怎么会呢!只要你再继续努力,你就一定会考好的!"妈妈温暖的怀抱给了我安全感,似乎给我吃了定心丸,我终于稳定了情绪,不再崩溃地哭泣,而是听了妈妈的话,静心思考自己努力的方向。妈妈还帮我制订了学习计划,陪我一起奋斗。经过一段时间的努力学习,功夫不负有心人,我下一单元的成绩终于又上去了。

　　谢谢你,妈妈!谢谢你在我最失落的时候,给我拥抱,给我信心,谢谢你给我的爱!

别样的亲情

吴栩婧

我又看见了那张照片,记录着我辉煌的照片——

妈妈给我报了一个游泳比赛,可我却不禁打了一个寒战:从小就对水性一窍不通,怎么可能会获奖呀?一想到那冰凉刺骨的水和凶巴巴的教练,我便气不打一处来:我连游泳都不会,上场时就分明丢人现眼,可妈妈却信心十足,拖着我走向了地狱——游泳馆。唉,无可奈何,我只好毫不情愿地答应了妈妈。

到了游泳馆,我的两腿不停地发抖,水可真是所谓"水寒冰刺骨"。到了水中,我虽然胖得像个球,却无法像个气球一样轻飘飘,身体像注入的铅一样重,连最基本的浮都浮不起来。此时,我的脸上火辣辣的,真恨不得能挖个地洞钻进去,妈妈看出了我的忧虑,坚定地对我说:"刚开始学都是这样的,别担心,妈妈相信你一定能成功！"

一次次的失败，心里的恐惧不断发作着，我犹豫了，再一次地退缩了："放弃吧，你本身就对它一窍不通！"心里有一个声音对我说，是啊，也行，我天生就不是这块料！我动摇了，"又怕了？"耳旁有个声音响起，我回过神来，抬头一看，原来是妈妈，她对我轻松地笑笑："失败了没关系，再坚持一下，坚持不一定会成功，但不坚持就一定不会成功！""嗯！"我与妈妈相视一笑。"坚持着，你一定会成功！"妈妈的话语还久久回荡在耳边！

接下来的几天，我不断坚持着，由浮都浮不起来的初级水平，不断进步到游得飞快；由腿都直不起来的心理恐惧，到能坦然面对一切。当然，这中间少不了妈妈的坚持与鼓励，一次次恐惧后是妈妈坚定的信念支撑着我。最终，在游泳比赛中，我获得了第二名的好成绩，当相机照下我领奖的那辉煌一瞬间，我笑了，但谁知道那璀璨的笑容是以妈妈的鼓励为坚强后盾打造成的呢？

回到现在，望着那记录着我辉煌一刻的照片，我如梦初醒，是啊，这张照片记录的不仅是那辉煌的荣誉，还记录妈妈那些话语——别样的亲情。

风和雨大比赛

宋怡朵

在这个秋日的清晨,乌云盖满天空,瞬间雨点就噼里啪啦地下下来了。过了一会儿,风大了,雨也大了。风吹着雨,它们好像在拔河似的,风喊着"呼呼呼"的口号,雨喊着"噼里啪啦"的口号。

风赢了,把雨扯到了路旁的植物身上,雨珠在叶子上欢快地滑动,叶子好像在说:"别再挠痒痒了。"雨笑了,叶子也笑了。

风又赢了,把雨扯到了行人的头顶上,雨珠又从雨衣上滑落下来,滑到了地面,"叭"的一声,好像在唱歌一样。

风赢了,把雨扯到了花瓣上,雨珠闻到了浓密的香气,很多很多的雨珠宝宝围了过来,它们在花瓣里走来走去,带走了花仙子最心爱的香水,它们顺着花茎流了下来,变成了一个香水洼。

风又赢了,把雨扯到了爸爸的衣服上,雨珠们在衣服上弹来弹去。有些爬到爸爸牛仔裤的布料上,好像在说"这是我的家,我不要离开这里"。还有些顺着裤子边掉在爸爸的鞋子里,好像在说:"闻闻朵朵爸爸的脚臭不臭?"雨滴臭晕了,就化在爸爸的袜子上了。第二波雨珠也喊着说"原来朵朵爸爸昨天没洗脚!"它们也倒在了爸爸的臭鞋子里。

云朵妈妈宣布雨赢了,风输了。可风还不服气呢,它到别的地方去比赛了。

红金鱼和黑金鱼

王若瑜

主人家有两只鱼缸,一只鱼缸里住着一条漂亮无比的红金鱼,另一只鱼缸里住着丑陋无比的黑金鱼。它们每天都相互对视,但从未说过一句话。有一天主人嫌两只鱼缸太占地方,就把黑金鱼放进了红金鱼鱼缸里。

黑金鱼一被放到红金鱼的鱼缸里,就摆了摆尾巴说:"这里的水真不错,比我那边的好多啦!""那当然,"红金鱼傲慢地说,"谁叫我那么美丽,而你就是一条黑不溜丢的丑金鱼啊!哈哈!"

"可是,我们都是金鱼啊……"黑金鱼小声地说。

"对,我们是金鱼,"红金鱼更加得意了,"金鱼就是用来观赏的,我将会被放到那种镀金边的昂贵鱼缸里。而你,能待在这而不被扔进臭水沟就很不错了。"

"你听谁说的?"黑金鱼抬起头。

"这是必然啊。"红金鱼翻了个白眼,"老兄,你有没有想过为什么是你移到我这儿来?因为你在那生活太久了,鱼缸都被你弄得发臭、发黑了。主人就想把它扔了,好给我换个好鱼缸,镀金的。"

这时,主人来了,他是来给鱼缸换水的。他那调皮的儿子跟着一块来,还把一种难洗掉的墨水抹到了红金鱼身上。红金鱼就变得红一块,黑一块,比黑金鱼还丑陋。

"呜!呜!呜!我漂亮的身子啊!"红金鱼大哭起来。

"没关系,这样我们就一样了。"黑金鱼安慰道。

"可是……"

"我不会笑话你的,红金鱼。"

黑金鱼拍拍红金鱼的背,红金鱼握住黑金鱼的手,两条鱼就和好了。它们约定,永远不再笑话对方,永远不会。

假如只有一个小时

薛津珊

假如我的生命只剩下一个小时，我想要没完没了地听着我喜欢的歌。让我再听一听，陶醉在音乐的海洋之中，让我忘记一切的时光，我在音乐世界中干一点儿大事。

假如我的生命只剩下一个小时，我想和同学们去KTV，玩上半个小时，让我记住我和同学们的快乐、天真、无知、有趣的时光。

假如我的生命只剩下一个小时，我想发无数条QQ说说，去表达我那不安的情绪，去说一说我那些还要对同学们说的话，去看一看我那只剩下一天的装饰。最后发一条简短又最记忆深刻的说说，人生如梦。

假如我的生命只剩下一个小时，我要再去看看我的父母，再去看一看我的亲人们，我就这样远远地看着他们，用目光抚摸他们的发丝，我是一个透明的天使。

假如我的生命只剩一个小时,我要去学校旁边的小卖部,去买上十几个肉饼,听着一首歌《我的一个道姑朋友》,吃着,听着,等待这一个小时慢慢过去。

假如我的生命只剩下一个小时,我一定要拿上我的长滑板,去刷街,去做我喜欢的滑板动作,去创新我的滑板更高难度的姿态,我生命的最后一小时,我不能不想起我的滑板,我要叫上同学们一起去,一起肆意地挥汗,一起去感受追风的速度,一起去摔倒再一起顽强爬起。

假如我的生命只剩下一小时,我一定不会想起游戏、学习、工作,甚至都不会想起我的名字,什么都不想,只是听着歌,慢慢地让时间走到尽头。

假如我的生命只剩下一小时,我要好好珍惜,但我希望,现在不是。

小白与小发

赖麒鸿

人的命运各不相同,狗亦是如此。

我家养了一条棕色的贵宾狗,名字叫小发。我家楼下住在杂物间里的一个叔叔,养了一条白色的土狗,取名叫小白。

遇　见

我家小发每天都下楼一到两次,每次叫它回家就会乖乖回家,总体还蛮听话的。可是这种听话只持续了两个月而已,那天,小发在草坪上撒欢时碰见了小白。

小白对小发很有兴趣,一个劲儿地跟在小发屁股后面,在草坪上转悠,就好像一条没有主人的流浪狗似的,但是它的毛却白白的,看起来好像刚刚洗过了一次澡,我想:它应该是走丢了,过一会儿,主人应该会来找的。但就算它有主人，也不能轻易让小发和它交朋友，因为我认为我家的狗有主人，比流浪状态的狗尊贵，所以我不愿意让它和小发交朋友。所以我就赶紧把小发带回了家。

第二天，我带小发下楼遛弯时，又看到了小白，这次，它跟着一个高高瘦瘦的叔叔，叔叔走到哪，小白就跟到哪，于是我就走上前，问那个叔叔，"请问这是你养的狗吗？"那个叔叔看了看小白，点点头，算是回答，"哦，原来小白是有主人的呀。"我想。

在外玩耍的规矩

后来，我每次带小发下楼玩几乎都会碰到小白，但经常看不到小白的主人。小白有种不拘小节的随性，它与小发玩熟后，经常追着小发来到草坪上，然后随便躺下，在草地上打滚，还让小发在它肚皮上闻来闻去，而我们从来不让小发躺在外面。小白无聊时，还会在草坪上捡个什么瓶瓶罐罐咬着玩，我们也从不让小发这样。而且，我们带小发出去玩时，小白还常常走在我们身边，跟着陌生人走主人也不出来拦。最重要的是，小白随时都可以出去玩，小发却不行。这样看来，我家小发要遵守的规矩太多，却也安全许多。

食 物 区 别

小发在家总是"吃香的，喝辣的"，有时它心情不好，不肯吃饭，还要一口一口地喂它吃。而且，只要闻到我们在吃好吃的东西，它就立刻不吃饭了，非要我们给它吃好吃的东西。那次，我们专门煮饺子给小发吃，结果呢，小发把每个饺子都咬破了一个小口，用它那灵巧的舌头把肉全部挑出来吃掉，剩下一堆饺子皮，动也没动。而在外面吃东西对小发来说，是被严令禁止的。

据小白主人说，小白的饭，就是主人吃完剩下的，小白爱吃不吃，因为不吃饭饿了，就让它自己在外面找东西吃，爱吃什么吃什么，吃什么主人都不管。

亲昵待遇

在家里，我们常会把小发叫过来摸一摸，抱一抱，爱一爱。不小心踩了它的脚，还会对它说"对不起"，甚至给点吃的作为道歉礼物。它像是我们家的一分子，遵守家里的一切规矩，也获得我们的喜爱呵护。而小白显然没有这些待遇，甚至还会被生气的主人踢上几脚。

生活环境不一样，待遇也不一样，就像小白和小发一样，小白可以不停地玩，可小发却不行。但是，小发享有爱，这是小白所没有的。

假如让你选择，你愿意选择哪种生活呢？

假如我有令你幸福的能力

梁　辰

　　那天晚上，我做了一个梦。梦见仙女对我笑着说："你现在有一种神奇的魔力啦，就是可以让他人幸福快乐！请你好好利用它。"说罢，仙女便消失了。我跳下床，跑到街上去。

　　一位老大爷拿着扫把费力地扫着大街上的落叶以及垃圾，包装袋与纸散落在街道两旁，一阵风轻轻卷起几片干枯的叶子，老大爷汗流浃背，脸微微发红。我见状，手微微抬起，只见一阵风把所有垃圾都卷入了垃圾桶。老大爷诧异地抬起了头，我急忙溜走。边跑时嘴角忍不住上扬，嘿，那位辛苦的老爷爷今天能歇息一会儿了。

　　跑着跑着，我看到一个小女孩儿贴在玻璃上，两眼发光地看着里头的一块草莓蛋糕，她咽了口口水。"你想吃吗？"我走近了她，俯身，面带微笑地问。"想！可是我是个孤儿，又没有钱……"小女孩儿可怜巴巴地说。"那么，送给你。"我从身后端出了一个托盘，上面放着与橱窗里一模一样的蛋糕，树莓奶油，有几朵花做点缀，中央放了两颗诱人的草莓。小女孩儿看见之后，小心而又兴奋地接过去，冲我甜甜一笑，"谢谢你！"我也回之一笑，转身离开了。

走了几步，我看见一位老奶奶摔倒在地，她身边的袋子里的东西都滚落在旁边。我立刻奔上前去扶起她。老奶奶一直喊疼，我便把手放在她疼痛的脸上，她立刻就好了。我帮老奶奶收拾好东西，老奶奶微微一笑，说："谢谢你啊，小姑娘！你真善良！"我害羞地笑笑。

突然，老奶奶不见了，街道变为了一片白宫。我疑惑地皱了皱眉头，又见仙女出现了，她对我说："时间到了，法力也该收回了，不过看你帮了这么多人，我很开心！"然后，一道白光击中了我，我猛然睁开双眼，发现我依旧躺在床上。

赠人玫瑰，手留余香，我们并没有那种随心所欲的能力，只好倾尽自己所能，去帮助他人。用自己的力量，让身边人发出会心的微笑。

如果我有飞毛腿

朱泽楷

如果我有飞毛腿,大家猜一猜我会干什么?肯定会有一些人觉得我这样会在体育比赛上得金牌,更有优势,或者就是体育不再担心。可是,你们错了!我会用这双飞毛腿去做的事肯定是你们没猜中的!最重要的一点——我会去救人!

这点和我最近阅读的书有关——《那年的汶川地震》。在那次地震中,不少同胞没来得及跑到空旷的场地,在大楼中遇难。假如我拥有飞毛腿的能力,我一定会以我的全力赶到现场,将那些本会离开这个世界的生命一个个挽救回来,这是我们的职责!

其次才是体育比赛。假如我有飞毛腿,我一定会参加世界级的运动会,如奥林匹克运动会等。这不是为了我个人的利益,而是我想让那些身在海外的华侨为自己的国籍感到骄傲！我要让全世界都知道，中华民族是一个不可嘲笑、不可小视的民族。我会在世界体育的赛场上，在那万众瞩目的时刻，为祖国再次赢得一枚金牌，让那些敢嘲笑我们国家的人，输得心服口服！

然而，梦想与现实之间多少是有一段差距的。这一切美好的愿望都源自一个"假如"。但是，我并没有因为我不是飞毛腿而放弃。我每天都会在课余时间跑步训练，为这个飞毛腿的愿望努力。

终有一天，我会实现这个伟大的梦想，请祖国给我这个机会效力！现在的我，正在为着自己的梦想努力奋斗，你呢？

听见落叶的声音

邹俊孜

暮秋,独自一人在枫树林中漫步,仿佛置身于一个火红的世界。足迹在火红枫叶铺过的地毯上滑过,一阵风迎来,落叶从树根边席卷了起来,蹁跹地在空中飞舞着。

"窸窸""窣窣",风渐渐凛冽了许多,树梢上挂着的摇摇欲坠的"火焰",跟随着日光温柔的照耀迅速落下。听——那是落叶的声音,互相摩擦的"沙沙"声与积在落叶堆上缓和的抚摸的"嘶嘶"声。风拂得树枝摆了,吹得树杈弯了,同时也将新的一片片五彩斑斓的枫叶刮落下来,一边在空中与风交错着,发出声声催人泪下的音乐,一边在打转中徐徐落下。

"落红不是无情物,化作春泥更护花。"那一片片枯萎凋零的落叶化为了尘土,是因为它们深深记得曾经汲取树根苦苦吸收的养料,在树枝的含辛茹苦培育中茁壮成长，在树杈上无忧无虑地晃动着。它们深深懂得"报之以李，还之以桃"，怀有一颗真挚的感恩之心，不惜自己的生命，为了让树木更好地汲取营养，成为一棵参天大树。

这在我们的生活中不也时时发生吗？古时候，西汉汉文帝刘恒为回报母亲养育之恩，母亲病时，他衣不解带，目不交睫，亲尝汤药；周瑜为感恩孙策知遇之恩，举贤任能，鞠躬尽瘁；钱学森为报答祖国，历经艰辛终以回国建设国家……古今中外，这样的事例数以万计，落叶归根，方是最好的感恩。

深吸一口清爽的空气，望着眼前一片"落叶之帘"，聆听着那落叶不断的"沙沙"声。听——那是落叶的声音，那是感恩的声音。

苍　松

杨昕戈

寒冬中的闽北，白茫茫一片，单调乏味。这个季节令大地上的绝大部分生命望而生畏。天空上掷下来的，无非就是劈头盖脸的冰雹、洋洋洒洒的鹅毛雪、冰碴子般的雪米罢了……

但这仅仅只是平地之景，好容易鼓起勇气徒步登上万丈庐山，从山脚一直攀至山腰，目光所及，都是被冰雪掩埋的残枝断叶，一派衰败、凄凉的景象。同行的人没法继续攀登下去了，只好就地喘息，抬头用目光丈量接下来要到达的高度，却见白雪覆盖下的山顶上竟是星点般脱颖而出的绿色。

在这样的惊喜中，人们又开始向新的高度攀登。路途更艰辛，步伐却更有动力。终于到达山顶，当它们脚踩雪岩，手扶苍松时，才真正见识到了"岁寒三友"之一的松，是何其的与众不同！虽说它们也全身覆盖着厚厚冰雪，但它们依旧挺拔，仿佛那一队队英勇无畏的战士一般，那抹荧光般闪烁的绿色是其生命力的体现。

十年树木，百年树人。成功地成长，并成为一棵屹立不倒的苍松，不是一时之事；当暴风雪之后，明媚的阳光照耀在山顶上时，那些有幸存活的种子顶出土地，抽出枝条；随即是夏天，艳阳高照，让它们的枝干变为可以它们抗风挡雨的树皮；秋风萧瑟而过，这仿佛是战前的一声号角，预示着冬日来临。生来就要抗争，这是生命的本色，树也不例外；寒冬降临，机会总是留给有准备的人，而弱不禁风的，则被死神的镰刀收割而去……

就这样日复一日年复一年，时间在年轮里飞逝，一棵棵苍松生老病死；每一棵腐朽折断的苍松倒下，就意味着有一个个年轻的生命诞生。正是有了这样的继承者，这个族群才得以在山顶上强大、繁盛起来。同理，在人类社会中，如果没有我们这些继承人，那么一个再繁荣和昌盛之国，不终究也成为"死亡，不可避免"的一场悲剧吗？

莫负最美时光

赵苏慧

在这大千世界上,有多少事物可以停留?春天的明媚?夏天的热情?秋天的甜美?冬天的素洁?可这些都会迁移啊,诶,果然寥寥无几。时光,我想问你,你怎么如此匆匆啊?

也许,你会回答我:"哦,不见得吧,时间不是你自己任意花去的吗?"我也不想辩解,因为你说的是事实。

回想着:在一至六年级的小学生活中,无数次在学校与家之间往返,上课时听讲,下课时嬉戏打闹等,像这样的景象出现了太多太多次。忽然,这时候开眼,却发现自己什么也没得到,又陷入四周一片迷茫……

时光,时光,你会不屑地说着"自寻罪受"这四个字吗?我想你是会的。

毕竟,时光如果是一朵玫瑰花,那被我摘得还剩几片？时光如果是一瓶后悔药，那我要取之多少？时光如果有一位守护者，不知，我要被惩罚几次？

时光啊，你肯定会诧异："既然你使自己过去的四千多日子毫无意义，又为什么要找我聊天？可听你这语气，并不是抱怨呀？"

时光，其实当我找你聊天时，我就会如此告诫自己：好比有一座百花齐放、万紫千红的花园，我是一颗掉落在墙缝处的种子，无人发现，无人过问，更无人照料；如果我不逼迫自己努力生长，不逼迫自己开出傲然独立的花儿，那么一旦时间追上了我，就只有枯萎、淘汰罢了。

时间如果是一片贫瘠之地，我定要让它肥沃、茂盛；时间如果是没有一滴水的大海，我定要将它能潮起潮落，海鸥比翼成群；时间如果是带有乌云的天空，我定会把乌云散开，使阳光温和照耀森林大地。

时光，你会质疑我对吧？但我会用实际行动来和你挑战。

最后，愿亲爱的自己勿在最美的年华，负了最美的时光匆匆。

我和我的家人

陈昱萱

我认为，家人是那些与你分享点滴快乐，与你共同承担悲伤，见证你茁壮成长的人。看，照片上，这四个笑意盈盈的人，就是我这令人羡慕，温馨和睦的家庭……

一 家 之 主

这个称号当然是只有不辞劳苦的爸爸才能当之无愧的。妈妈不上班，家里所有经济负担都压在了爸爸的肩头。于是，皱纹便过早地出现在爸爸英俊的脸上。尽管非常忙，但爸爸还是每晚回来陪我们吃饭聊天，哪怕是夜晚要在电脑前加班到十一二点。爸爸还是家里的"维修工"："爸爸快来，水管漏水啦！""爸爸，电脑死机了！""爸爸……"他总能完美地解决。他，就是家里无所不能的"超人"！

主厨妈妈

早晨六点钟就能看见妈妈忙碌的高挑背影，她把为我们、为这个家打理看作是非常有趣的工作。妈妈有一手烧菜的绝技，每天饭桌上的菜都翻着样。一看，大饱眼福；二闻，垂涎三尺；三吃，五味俱全！我们有一个共同的"爱好"——吃妈妈煮的菜！记得有一次，妈妈出国玩，扔下我们三只"馋猫"。那几天我们都是在外面吃的，被妈妈"惯坏"的我们都觉得味同嚼蜡。就这样，我们在家里盼星星盼月亮，等着妈妈回来满足我们"刁钻"的肚子。这就是我们的"主厨"妈妈。

"文静"姐姐

接下来，该"文静"姐姐出场啦！注意，此"文静"非彼文静！她啊，可是家里的一个"谜"。她时而会跳出来，幽默地逗得大家哈哈大笑；时而又见不到她的身影。乍一看，原来在看书呢！俨然从一颗"开心果"成了一个"乖乖女"。她的心情也"阴晴不定"。前一秒还兴高采烈，一转眼，又满脸乌云。问她，她说："这部剧里的人也太坏了，竟然欺负孩子！"她就是这么正义感爆棚！她是一个在外人面前挺内向，而在家人面前"嚣张"的女孩儿——其实就是我啦！

"泼猴"弟弟

早晨，我迷迷糊糊睁开眼，立刻被吓得清醒了——弟弟正用狡黠的眼神盯着我！"哼，就知道你在装睡！"弟弟扔下一句让我欲哭无泪的话，做个鬼脸就跑了。真是亲弟弟啊！我怒气冲冲地找到此时正在偷笑的"泼猴"。这"泼猴"一见不妙，马上变了脸，没了刚刚捣完乱幸灾乐祸的神情，反而打抱不平地说："姐姐，怎么了？谁欺负你，我帮你'报仇'！"我哭笑不得。这就是我那古灵精怪的"泼猴"弟弟。

我的家庭，四个性格迥然不同的人，给这个家增添了许多色彩。我抚摸着照片，笑了。

藏在守望中的爱

赵昕杰

"哎!路上慢点走!"母亲急急唤了一声。

"知道了!"我厌烦地应了一声,抓起书包边背边向学校跑去。

去往学校的路是一段窄而潮湿的小巷,散发着死气沉沉的霉味。我极不耐烦地跟在步履蹒跚的老太太身后。终于等来了一个拐角。我拔腿向那儿奔去。

就在转身的刹那,我不自觉地抬头,却看到了一个人影——她站在狭小的阳台上,手紧紧地抓住布满铁锈的栏杆,红锈的粉末簌簌落下。是母亲。

我不由自主地慢下脚步,她没在看我这儿,她从不知我上学走的是哪条路。她的眼扫过外面的新华书店,再扫过一家半破的旧杂货店。她惶急地搜索着,没有找到阴暗巷子里的我。她似乎确认了我已经离开,满足地叹了口气,一步一步向屋里走去,大概是要收拾东西上班去吧。

我沉默了,逃避似的加速向拐角连着的另一条小巷奔去。我似乎知道在风雨中守望儿子的母亲,对儿子的深深期许。心中一痛。

"快去上学吧。"一个女人的声音从西边窗户上透了出来。

是母亲的喊声。我没来得及疑惑,先在心中默默一嗯,向学校奔去。心中涌起无尽暖流。

母爱深似海。我只是觉得母亲对我的爱浓得仿佛死海里的盐,把我托出海面,不向下坠。我吃力地奔跑着。母亲还是在守望着我吧?跑着跑着,一低头,似乎就看见了母亲的影子,和那深邃如影的母爱。这条巷道很长,跑得很辛苦。但我再如何苦,再如何累,从此在"奔跑"途中,只要一想到母亲那温柔如春风的眼睛,我便感到深深的爱,与抬腿继续向前的动力与希望。

我从没有发现母亲这藏在守望中的爱。春去秋来,母亲守望过我何止一次?但我哪有感激,有的仅仅是不耐烦与白眼。我竟连藏得如此浅,但自身如此深邃的爱都发现不了,羞愧难当与满怀欣喜充斥着我的内心,脚步却更加坚定地向前,再向前……

孝是一个动词

陈芯墨

三岁进入儿童学园的第一天,老师就给我发了《弟子规》这本书。因为还不认识字,我就让奶奶念给我听。

奶奶念道:"父母呼,应勿缓。父母命,行勿懒。父母教,须敬听。父母责,须顺承……"我听得如落云雾中,就问奶奶是什么意思。奶奶说:"孝,就是孝敬父母,就是在家要听父母的话,心里要念念不忘父母对我们的养育之恩……"我似懂非懂地听着。奶奶接着对我说:"《弟子规》不是拿来背的,是拿来落实,来做的。"我把这些都默默记在心里。

冬天的时候,爸爸妈妈下班回来,我会给爸妈倒上一杯热茶,跟他们说一声:"爸妈辛苦了!"然后就依偎在妈妈怀里,一边玩,一边听妈妈讲故事。快睡觉的时候,我总和妈妈一起泡脚。去打泡脚水的人往往是我,打来水后,我就和妈妈面对面坐在椅子上,边聊天,边泡脚,度过一段美好的时光。每天和爸爸妈妈一起吃饭,我都会先给爸爸妈妈、爷爷奶奶夹菜,然后再自己吃。大人们都夸我是一个懂事的孩子。

在平时,除了给爸爸妈妈做一些力所能及的小事,在爸妈需要照顾的时候,我们也要像他们照顾我们一样,去照顾他们。

有一次,下午放学后,妈妈在切菜的时候切到了手指,流了好多血。刚开始,我吓得都要哭了,接着,我想起了在我受伤时,妈妈是怎么照顾我的,就急忙去找酒精、消毒液、棉签、手套、创可贴。找到后,就飞一般来到妈妈身边。此时,妈妈用另一只手按着伤口,满头大汗,脸红扑扑的,眉头皱成了一个倒"八",但是她强忍着,嘴里没有说出一个痛字。

我立刻拿出酒精,戴上手套,找到了妈妈手指上的伤口,不管三七二十一,打开棉签袋,抽出一根,沾了酒精就往老妈的伤口上涂。我问妈妈:"老妈,你疼不疼?"妈妈抬起头,挤出一副比哭还难看的笑,对我说:"不疼,不疼。"尽管这么说,但是我知道,刚才我可能弄疼妈妈了,接下来我的动作就轻柔了很多。

我换了一根棉签,蘸了一点点消毒液,轻轻地涂在伤口上。或许是消毒液没有酒精那么"刺激",妈妈没有了之前的痛苦表情,而是温柔地凝视着我。我为妈妈消完了毒，拿出一张创可贴贴上，伤口就处理完毕了。妈妈举起包扎好的手指看了看，露出了欣慰的笑容，摸着我的头，直夸我乖。

随着长大，我也渐渐明白，"孝"应该是一个动词。它会给父母带来温暖，为生活带来感动。昨天已经过去，明天无法知道，那就让我们把握好今天，做个孝敬父母的好孩子吧！

影子妈妈

林可萱

我和妈妈在家里玩捉迷藏,我来找她来躲……

"一、二、三、四……我数好了!妈妈!你躲好了吗?我要开始找你咯……"我喊道。

"躲好了!找吧!"远远地,妈妈回答。

我到妈妈的房间转了转,妈妈不在!厕所客厅也没有她的踪影……真奇怪!妈妈呢?我挠了挠头,又轻手轻脚地走向我的房间。房间的门微微张开着,里面的灯亮着,这时我突然里看到,从门缝里妈妈的影子被拉得长长的,映在走廊上。哈哈!原来妈妈在这里啊!我开心极了,偷偷地走进去,悄悄地推开门……门后的妈妈手上拿着手机正在认真地看着,完全没有注意到我发现了她!

我正想上前叫妈妈,可是我的脑海里却出现了白天使和黑天使。黑天使使劲儿拽住我说:"妈妈天天玩手机不理你,你也别理她了!"白天使在一旁温柔地说:"别影响你妈妈,可能她有事要处理吧!"我犹豫起来,到底我要不要叫妈妈呢?

黑天使气冲冲地说:"妈妈根本不爱你!她最爱的是她的手机!她是一个影子妈妈!"白天使摆摆手:"妈妈可能有工作需要用手机,应该不是故意的!你和妈妈说说吧?"

我好沮丧:"可是她平时也经常拿着手机玩啊……"

也许黑天使是对的,妈妈更爱的是手机吧。我正准备扭头走开,妈妈忽然发现了我:"啊!你找到我啦!怎么不说一声?"

"我以为你在玩手机没空理我……"我垂头丧气地说。

妈妈愣住了,她慢慢地蹲了下来,扶住我轻声地说:"哦,是妈妈不对,不应该经常拿着手机不理睬你,妈妈错啦!别生气哦!妈妈不再和你'捉迷藏'了,我们多多地面对面地玩吧,真正地陪你哦!"说完,妈妈紧紧抱住了我。

"好!"我高兴地一把搂住妈妈的脖子!我的妈妈不再是影子妈妈了!远远地,白天使朝我挥挥手,好像和我说:"加油!"房间一下子亮了起来,连影子都躲起来了呢!

下次……我和妈妈玩什么好呢?

角落里的温暖

傍水而居　泛舟逐月

邱嘉琳

我家住在闽江畔,毗邻光明港公园。每年端午节,我都会来这里观看精彩激烈的龙舟竞渡。上周六下午,我和爸妈与往常一样,来到光明港公园散步。不经意间抬头一望,咦,对岸怎么变了模样?原本围挡的工棚不见了,取而代之的是整齐的林木和亮丽的红蓝步道。

"爸爸快看!对岸好美啊!我们也快过去瞧瞧吧!"我拉着爸爸的手跳了起来。我们从六一路口进入了光明港南岸休闲步道,只见各种灌木、乔木绿意盎然,错落有致。福州的初春依然透着寒意,草坪的青草却油绿发亮,花坛中还不时看到一丛丛长势喜人的茉莉花。公园管理房旁传来了孩子的嬉笑声,原来这里还藏着一个小小足球场呀,我赶忙奔了进去。足球场的地上铺着柔软的绿色人工草坪,我们在这里撒欢也不怕摔伤啦。很快,我和踢球的孩子们玩成了一片，还认识了新朋友若兮。我们一起躺在草坪上，望着蓝蓝的天空中缓缓飘过的朵朵白云，聊着各自的开心事，不时发出咯咯的笑声。足球场边的篮球场、羽毛球场也都是免费开放的，不少市民正在健身锻炼。

天色渐晚，我们出了球场沿着河边前行。金色的夕阳映照在波光粼粼的水面上，几只悠闲的白鹭，时而低飞掠过水面，激起几圈涟漪，时而栖息在水边，低头仔细梳理着羽毛。漫步在榕荫绿堤上，绵长的步道移步换景：脚下是光洁平滑的石砌驳岸，堤外姹紫嫣红的三角梅正在怒放。耳畔不时传来啾啾的鸟鸣，抬头寻觅，却掩映在茂密的榕叶中不见踪迹。

步道的另一侧整齐排列着新移植的香樟与秋枫，我闭上眼睛深呼吸，空气中还带着淡淡的青草和泥土芳香。我仿佛看到了夏天，枝繁叶茂的香樟树遮天蔽日，为人们撑起了一把把遮阴的绿伞。我仿佛看到了秋天，枫叶红了，步道两旁墨绿的榕叶与火红的枫叶交相辉映，多么美丽的画面！我仿佛看到了冬天，挺拔的树干、浓密的枝叶为人们抵御彻骨的寒风。

过了长乐路入口不远，眼前出现了一座全钢架结构、大气磅礴的龙舟看台，至少可容纳百余人。走上看台，三面玻璃围栏视线开阔，光明港风光尽收眼底。我调皮地对爸爸说："今年端午节看龙舟赛，你就不用再把我扛在肩上了，再也不会腰酸背痛啦！"爸爸乐得哈哈大笑："我们福州的路，真是越来越美了呀！"

金沙湾海边游记

吴舒懿

晴朗的午后,天空澄碧,纤云不染,远山含黛,和风送暖……

没人会选择错过这样美好的时光,于是,我和表妹一行人似拉了弦的箭,飞奔到金沙湾。

到了海边,我被狠狠惊艳了一把:水是蓝的,天也是蓝的,水天相接的地方重合成了一条线,海水犹如被一双永不休止的大手不停地推进,形成了一个接一个的浪头。当它们来到我们身边时,却又小了下去,像是致敬我们这些远道而来的客人。浪花翻滚起来,像是身态轻盈的仙子,荡起了白色的泡沫,静时却又像孩子在沉睡的甜蜜的梦乡。天空中飘着朵朵白云,海面上回荡着海鸥清脆的歌声,鱼儿猛地从水里蹦出,又消失不见,只留下一圈圈的涟漪,这真是"海阔凭鱼跃,天高任鸟飞"。我冲向海滩，飞溅起洁白无瑕、晶莹剔透的浪花。

我小心翼翼地卷起裤脚，小脚丫子踩在细软的沙子上，痒痒的，犹如一只羽毛轻轻扫过心尖，在心头勾起一道不大不小的波浪，我忍不住笑出声。那笑声中蕴含的快乐，时过至今，仿佛依然留有回音。我捧起一汪冰凉的海水，轻轻地嗅了嗅，再用手指沾了些许，塞入嘴里，海水咸涩的味道不断地在我鼻尖徘徊。这时表妹竟捞起水朝我扑来，接着撒起脚丫就跑，我的眼里酸酸咸咸的，一下跌倒在地，用手揉了揉眼帘，才鼓着腮朝她奔去，在海上扭打成一片……

岸上，父母靠坐在一起，悠闲地望着天，一抹殷红的夕阳照在西山上，湛蓝湛蓝的天空浮动着大块大块的云朵，它们在夕阳的辉映下呈现出火焰一般的红。倘若你仔细地看，会看见那云絮在空中飘动，就像置身于轻纱般的美梦中似的，也会使你远离烦恼的困扰。小小的我也扑通一声坐在地上，细细打量也猜不透父母为什么如此专注望着天空，也许这些云朵令他们有着无限遐想吧……

海滩上的一家人，成为我记忆中最美的画面。

我的采风之旅

姜旻希

妈妈要带着我去参加摄影协会举办的采风活动,对它,我期待已久哦!

一大早,我就被闹钟那清脆的音乐声唤醒了。"啊!今天要去采风啦!"我一骨碌爬了起来,飞快地洗漱完毕,带上早餐,就跟着妈妈来到老福大,坐上了大巴前往目的地。一路上我兴奋极了,不停地朝车窗外张望,闽江、乌龙江两岸风光秀丽,满目翠绿。

不一会儿,我们来到了宁德,车驶进了一座大山中。窗外,一丛丛树林从眼前一闪而过;一条条小溪叮叮咚咚地演奏着悦耳的音乐;溪水,那是清澈见底的,一群群欢蹦乱跳的小鱼快乐地嬉戏着。石壁上,一股股清泉从石缝中喷涌而出,带着哗啦啦的声响流入小溪,太美了!我猛地吸了几口清新的空气,哇,就连空气中也带着丝丝甜意!

　　车子飞速驶入了一片片田野旁。只见田野上,一只只小鸡在觅食。你瞧,它们的脖子一伸一缩的,圆溜溜的小眼睛正瞪着你呢!好像在说:不许碰我的食物,它们全是我的!哈哈,真贪吃!小河里,一只只鸭子扑腾着翅膀在河面上自由自在地游来游去,欣赏着自己在水中的倒影;小路上,一只只小羊儿正在悠闲地散步。我越看越着迷,好想下车跟它们玩耍!不知不觉中,车子已经开到了一座小房子前面,是目的地到了吗?

　　我们下了车,走到房子前,进了门。只见这间房子很简陋,厨房的正中间摆放着一张破旧的木头桌子供客人们用餐。妈妈说:"醉翁之意不在酒,在于山水之间也!"简陋的条件影响不了我们采风的热情。我走到房子门口,放眼望去,一座座高耸入云的大山之中,飘浮着浓浓的白雾,整座高山像浸泡在乳白色的牛奶中一样,宛若仙境。我立刻拿出相机拍下了这美丽的一幕,甚至好想一头扎进大山的怀里,浸润在"牛奶"中,享受拿阵阵"奶香"……

　　我正做着美梦呢,车驶过竹林,开过田野,来到了一片梯田旁。突然,我惊呆了,因为看到了我从未见过的美景,激动地指着窗外叫了起来:"哇——太美了!太美了!"大家纷纷朝我指的方向望去。只见那黄绿相间的梯田从下到上,层层叠叠。那柔美的线条浸润在山中缭绕的云雾里，远远望去，如同一幅水墨画。而一座座大山，像一个个淘气娃娃，用白纱遮住脸蛋，只露出头顶上的尖尖。这样的美景与精致梦幻的梯田相映成趣，那景色真是世间少有啊！

大家赶忙叫司机停车，纷纷跑到梯田旁拿起相机"咔嚓咔嚓"地拍个不停，每一个人都想把大自然这位画家的巨作藏进自己的相机里。直到司机不停催促，大家才上了车。这满目的美景啊，一直萦绕在我的脑海中，久久难以忘怀……

老师的宝贝

张梓熠

"丁零零，丁零零！"上课啦！张老师手上拿着一个正方体盒子微笑着走进教室。老师告诉我们这是她的百宝盒。一听说百宝盒，同学们的目光像聚光灯一样射向它。老师让我们猜猜她的宝贝是什么？有的同学说是老师小时候的照片，有的说是老师儿子的日记，还有的说是老师的首饰……可是，老师摇摇头，都否定了同学们的猜测。

老师的宝贝到底是什么呢？我真想变成一只苍蝇飞进去呀！激动人心的时刻到了，老师终于要揭开宝贝啦！她打开盒子，拿出第一样宝贝——居然是一支粉笔。同学们哄的一声笑开了。粉笔算是什么宝贝？讲台坐上、黑板槽里到处都是。这时，一个同学站起来解开了我们的疑惑："粉笔是老师给我们传授知识的重要工具。"哦，说得对！老师每天上课都离不开粉笔，难怪把粉笔当作宝贝！

老师又从百宝盒里拿出第二个宝贝，你们猜，是啥？哈哈，红笔！老师竟然把一只红笔当作宝贝，太不可思议了吧？教室里又是一阵哄堂大笑。有的同学打趣道："老师，你要的话我买一箱给你。"突然一个同学嗖地一下站起来，说："老师每天改作业都要用红笔，红笔是衡量我们是否进步的尺子，它引领着我们攀上知识的高峰。当然是老师的宝贝喽！"

老师又从百宝盒里拿出了一面小镜子。哈哈，老师把镜子随身带，有空时就照照镜子，所以自然就把它当作宝贝喽！老师把镜子放在一个同学的面前晃了晃，问："你看到了什么？""自己。"老师又把镜子放在另一个同学面前晃晃，问："你看到了什么？"老师深情地说："对！你们，每一个同学都是老师的宝贝。"是啊！我们进步了，老师高兴；我们落后了，老师担心；我们犯错了，老师着急。老师就像妈妈一样关爱我们每一个孩子，这不是把我们当宝贝吗？要揭开最后一个宝贝啦，老师拿出一样东西。我们定睛一看，是一朵玫瑰干花，哈哈，还是假的？老师也把这当作宝贝？老师动情地说："这是教师节同学送我的礼物，老师爱你们，你们也懂得回报老师了，你们对老师的爱就是老师最大的宝贝。"

看完老师的宝贝，同学们似乎明白了许多，一下子长大了。

头脑风暴

韩潇曈

上课铃刚响,吴老师便笑盈盈地走进班级,说:"今天,我们来做一个有趣的游戏——'头脑风暴'。"说完,吴老师便在黑板上写下了游戏规则:四人一小组答卷,时间在十五分钟内,得分最高组获胜。同学们看看规则,又看看发下来的试卷,一个个摩拳擦掌,跃跃欲试。

同学们拿起笔,时而奋笔疾书,时而冥思苦想。有的小组在不停地议论,有的小组着急得抓耳挠腮,还有的小组争论得面红耳赤。

我们组一直很顺利,"过五关,斩六将"。可到了第二大题的第五小题,却把我们都难倒了:有一条著名的河,可它一滴水也没有,打一宇宙现象。咦,我灵光一闪,脱口而出:"是银河!"我的组员们目不转睛地盯着我:"银河?对哟,就是银河,你真是太机智了!"听了组员的夸赞，我不禁沾沾自喜着：幸亏平时有所了解，否则就想不出来了！抬头看看其他组，他们有的愁眉紧锁，面面相觑；有的七嘴八舌，议论纷纷，仍旧一无所获。有的组还派来了"小偷"到处"偷"看，结果被当场抓了个现行，只好悻悻地离开了。

我们组以"神速"答完了卷子，其他小组也不甘示弱，争分夺秒地完成了。现在是改卷时间。老师每组都请了一个改卷员，便开始公布答案了。呀！我们一连错了好几道题，原本信心满满认为会对的题，也错了。我越听心越慌，干脆捂上耳朵，闭上眼睛不想听了。终于等老师报完了，我松开手，睁开眼睛，看着那惨不忍睹的卷子，看看我们那少得可怜的十九分，我垂头丧气地等老师宣布。"这次第五组赢了！"天哪！我们全组欢呼雀跃，既难以置信，又满心欢喜。两颗棒棒糖降落在我们手中，这是对我们的奖励。一是因为我们得分最高，再则是因为我们速度最快。

活动已经结束了，同学们仍旧兴致勃勃地交流着，我们得出了一个重要的结论——平时我们要多读书，关键时刻才能发挥好，取得好成绩。成功属于平时准备充分的人。

这真是一个意义非凡的活动，既丰富了我们的知识，又得到了期待的奖品，真有趣！期待老师能再举行这样的活动。

绿豆成长记

林牧宸

我家朝南的阳台上来了个新邻居——小豆子。几天后，它将发芽。而现在，它却躲在它那绿色的"外衣"里贪婪地享受着"日光浴"，用它那白色的小嘴喝着"饮料"，多享受啊！晚上，小豆芽们怕黑，星星为它们打开一盏夜灯，风妈妈为它们唱歌。

第二天，豆芽从绿色的"外衣"里钻出来，好奇地望着这个世界。一阵微风拂过，水面漾起波纹，豆芽们在上面冲浪呢！

第三天，豆芽长出了翠绿的新叶，脱下了发黄的旧衣，在风中展示着自己的"新衣"。如果以蚂蚁的眼睛看豆芽的话，那已经可以算作一大片茂盛的树林了。

第四天，是时候把豆芽移入土中了。这时的豆芽吸收着养分，飞快地成长。它张开自己的双臂，拥抱肥沃的土壤。豆芽努力地想要直起身来，这可不是一件容易事，不信你瞧，它全身都发紫了。

第五天，随着天气的变化，豆芽生病了，它们长得乱七八糟，有的豆芽用枝叶挤掉自己一边的"豆瓣甲"，另一边在叶子上挂着，摇摇欲坠，长得一点儿也不整齐。还有的豆芽东倒西歪，像是被台风袭击了的树一样。如果凑近闻闻，还有一股臭味。

第六天，在太阳的呵护下，臭味渐渐消失了。枝杆从紫色变成了嫩绿色，慢慢地直起腰来。叶子却越来越小，颜色也越淡。之前，枝杆还柔软嫩绿，今天，却变成了坚硬的白色枝杆；之前，比大拇指大的叶子，今天，却枯萎得还没小拇指大。

晚上回到家，我闻到了一股豆芽的香味。我向餐桌跑去，吃着自己种的豆芽，比所有好吃的都香……

都是想象力惹的祸

洪子彭

月黑风高的夜晚,老爸老妈都在学校加班,我一个人待在家里,看一部经典的恐怖片——《笔仙大战贞子》。

正当看到一个披头散发、骨瘦如柴、面如白纸、满脸污血的贞子从天花板上飘下来时,"啪吱"一声——电视暗了,屋子黑了,停电了!"唰"!我的冷汗立刻冒出来了,心中就像十五只吊桶打水——七上八下:什么嘛,在这个时候停电!我抽出手机,发现没电;拿出手电筒,电池不翼而飞!我只得抓起一把水果刀握在手里,充当防身武器。我的脚不知为何抖得疯狂,每迈出一步都十分艰难。我默默给自己打气:怕什么?鬼有什么好怕的?我身后的林羽斌那个小气鬼、胆小鬼、吝啬鬼,我啥时候怕过他?

我摸索着走到阳台,一把拉过窗帘。"啊——女鬼呀!"我紧闭双眼,尖叫着。但过了许久,依然没有什么动静,我这才鼓起勇气,睁开眼睛。当然,我为了保证安全,将水果刀向前刺去。咦,根本啥都没有!我四处看了看,发现除了水果刀拿反以外,什么都安然无恙。我不由得抱怨起自己:怕什么嘛?贞子、笔仙又不是蜘蛛侠,怎么爬到我家呢?再说吧,我家在二十楼,即使他们有超能力,爬到十四楼就累得气喘吁吁了。

我转过身,惊愕地发现地上有一只怪鸟的身影。啊,难道是他们的杀手——骷髅鸦?"嘎——嘎——"那怪鸟发出一声长鸣,我脑中它那可怕的形象越发清晰:嘴巴腐烂得不成样,眼中满是蛆虫,身上的骨头全是鲜血!不行,我满是粪便的鸭子我都PK过,何必再害怕!我亮出"屠鸟宝刀",向前方砍去。砍了好一阵才发觉又错了——只不过是只歪着头看着我发"羊痫风"的麻雀。什么嘛!我翻了个白眼,悻悻地回到沙发上,将小刀扔在一旁,长叹了一口气。

"嘎吱——"开门声传进我的耳朵,我条件反射地站了起来,灵敏的鼻子似乎闻到了一股味道——有妖气!我握了握右手。"刀呢?"我呆了,刀不知逃到了何方?看来,只能与他们肉搏了!就在门拉开的一瞬间,一个披头散发的"女鬼"印入我的眼帘。不行,我要以血肉之躯保卫家园了!我挥舞着双臂,嘴里大喊着:"妈——妈——咪——呀——"

"今晚风可真大呀……咦,子彭,你在干吗?"老妈的声音传进我的耳朵。哦,糗大了!

哎,都是想象力惹的祸呀!

分数的力量

曾静宇

唉，每当看到自己的分数，仿佛看到了妈妈的脸。白纸红字，一清二楚。

迎着老师赞许的目光，沐浴着太阳公公的光芒，小鸟欢快的歌唱，我走进了家门。"妈妈，我这次语文单元考考了一百分！"我高举着那张试卷，大声喊着。妈妈的脸笑成了一朵花："哦，是吗？哎呀，真不赖，等着，妈给你去做好吃的。"说完，边系围裙边招呼爸爸："孩子他爸，过来，咱家孩子考了一百分！""不错不错！"爸爸仔细端详着考卷："允许你看一会儿电视，玩一会儿手机。"要知道，平时学习繁忙，父母都不让我看电视，玩手机的。我的心里顿时乐开了花，心满意足！看，分数的力量大吧！

一个星期过去了，数学成绩还没出来，我盼星星，盼月亮。终于,在一个倾盆大雨的下午,分数给了我一个下马威——七十八分。这是前所未有的低分。整堂课下来,我红着脸,低着头,满脑子想的都是:回家怎么向爸妈交代?回家路上,小路依旧,景色依旧。可往日鲜艳的色彩不见了,取而代之的是一抹令人失望与难过的灰暗。

回到家,妈妈马上问我:"成绩出来了吗?"

"出来了。"

"多少?"

我的脑子一片空白:说,会被妈妈骂;不说,会被认为撒谎。诚实的我说了出来:"七十八"。妈妈的脸色马上晴转多云,眉头皱了起来。过了许久,沉闷闷的火山终于爆发了:"什么?你才考这几分?"我像老鼠见了猫一样瑟瑟发抖,结局……就不用说了。

分数啊分数,它牵着妈妈的鼻子转,让我吃了不少苦头。但我觉得,妈妈不应该以分数作为衡量我的唯一标准,不要为分数而蒙蔽了自己的双眼!毕竟,我的人生,不是只由分数的力量去决定啊!

第一次挖苦螺

林思彤

"哦耶!我终于可以去海边玩了!"星期天的下午,伴随着午后那耀眼的阳光,我和妈妈出发了!

经过一路的颠簸,我们终于到了漳港海边。一下车,空气中就飘荡着一股咸咸的海水味,我大步地奔向沙滩,金黄的沙子软软的,踩上去很是舒服!海浪拍打着岩石,"哗啦!哗啦!哗啦!"好听极了!

走着走着,一块巨大的石头映入眼帘,沙滩上怎么会有这么大的岩石了?我好奇地跑过去看看究竟。

"呀,这上面粘着什么?"我瞪大了眼睛。岩壁上密密麻麻吸附着一粒粒墨绿的小螺。这些小螺很是可爱,蜷缩在一起,像一个个小宝宝。我轻轻地用手碰了碰它们,一动也不动。我转过头,朝妈妈挥了挥手:"妈妈,快过来看,这是什么呀?"妈妈听到了我的呼唤,快步跑到我身边,不由得惊呼:"这里好多苦螺呀!"

"不然这样吧!我们来比一比谁挖的苦螺多!"

"好啊!那就开始吧!"我挽起袖子,准备大干一场。

但是,所想的似乎和现实还存在着一定的差距。我用指尖捏住了一只苦螺使劲儿往外扯。可是,它就像长在岩石上一样,根本拔不下来!我把手指伸进去,想往外抠,可它就像跟我作对似的,越粘越紧了。我捡起身边一块比较尖锐的石头想把它撬出来,可它还是一动不动地吸在上面,丝毫没有松开的痕迹。我嘟着小嘴,肺都快气炸了:这是什么苦螺啊!成心跟我过不去!可我还是不服输,使出了吃奶的劲儿把它往外拽,结果用力过猛,一屁股坐在了地上。"唉,不是很简单一件事,怎么就不会了?"懊恼的我看着身旁的妈妈,已经挖了大半桶苦螺了,再看看自己一个都没有,心情不由得跌入低谷。

旁边的妈妈朝我笑了笑:"宝贝,挖苦螺是需要掌握技巧的,急不得。你先抓紧它,慢慢把它摇松,然后再用力往外一扯,它就下来了。"妈妈边说边示范着,很快又挖了只苦螺。我按照妈妈的说法,慢慢地按步骤操作着,终于挖出了第一只苦螺:"太棒了,我成功了!"我拿着我的战利品,高兴地蹦了起来。

一个,两个,三个……渐渐地,我挖得越来越快,动作也越来越娴熟。很快,我也装满了小半桶。

不知不觉，天色逐渐暗淡下来，已经傍晚了，昏黄的阳光散在海面上，星星点点，我们一共挖了两大桶的苦螺。该回家了，我们告别了大海，告别了沙滩，也告别了那些可爱的苦螺，它们教会了我做任何事都要找到对应的方法！

父亲的微笑

李 昱

秋,一个落叶飘飞的季节。走在街上的人们似乎都少了些夏天的勃勃生机,人们都低着头,两手抱在胸前,匆匆忙忙地走过。但尽管在这寒冷的秋天,父亲的那一抹微笑仍然温暖着我的心。

本已寒冷的秋天,我还要每天在如冰窖的水中练习游泳。那天,我正在家里哭闹着不去训练,可妈妈的信念如石头般坚硬,硬是把我拉出了门外。爸爸看着我狼狈不堪的样子,走过来拉起我的手,温和地对我说:"走,爸爸带你去训练。"

从那以后,爸爸几乎是场场必到地看我训练。当有一次我游到终点时,意外地发现:爸爸正坐在观众台上朝着我微笑,并大声地对我喊:"加油,李昱,我相信你一定可以的!"爸爸的微笑是我的动力,让我自觉地规范好每一个动作，更加勤奋练习。不知不觉中，我的游泳水平提高了许多。

比赛那天，爸爸在下水前对我说："记住，千万不要紧张，一定要放轻松，拿出你最好的水平！"我点了点头。

"嘟！"哨声尖锐地吹响了一声，我跳进了水中，心里想着爸爸的叮嘱、当我抬头换气的那个顺间，爸爸竟然坐在观众台上，没有帮我喊加油，只是一如既往地朝我微笑。即使水再冷，爸爸的微笑也使我的心中充满了温暖和勇气。我拼命地向前游，不负爸爸的希望，拿到了第二名。

爸爸的爱常躲藏在生活的细节中，每当你感受到这种爱，心中就会觉得无限温暖。就像爸爸的一抹微笑，化成了我前进的动力和希望。

看，爸爸的那一抹微笑笑得多灿烂啊！

我爱画画

李优镟

我最大的爱好是画画。一提到画画，我就会情不自禁地欢呼起来。

晚上七点多，做完作业，我正在仔细勾勒参加漫画大赛的作品，这幅作品叫《春天的女孩》。我手里拿着铅笔在纸上画绿绿的柳叶，画"香气扑鼻"的红花，画会说话的眼睛，画栩栩如生的小白兔，画被微风吹拂的穿着连衣裙的小姑娘……一眨眼的工夫，两个小时过去了，妈妈说："长身体的时间到啦！快去梦周公吧。"非要我上床睡觉不可。我就央求妈妈："我的好妈妈，就让我再画一会儿吧！这会儿正好有灵感，就画十分钟，OK？"妈妈一心软，就同意了。

转眼间，十分钟已过，妈妈又来催促我。我又低眉顺目地撒娇："拜托了妈妈，再让我画二十分钟，等画完不用您催,我自觉上床睡觉,行吗?"妈妈无可奈何,又一次让步了。终于没人来打扰我了,书房里一片寂静,我又尽情地展开想象的翅膀继续画画。

时光飞逝,不知道过了多长时间,我的大作经过勾勒、确定、上色,终于完成啦!看到这栩栩如生的画作,我高兴地"耶"了一声,这才心满意足,开心地去睡觉了。

画画使我的想象力更加丰富,画画使我在学习上更有专注力,画画使我的心情每一天都那么愉悦,画画使我的生活充满阳光,多姿多彩!我爱画画!

盼　望

黄海鑫

我们每个人的心中都有一些美好的愿望：希望快快长大，希望考上大学，希望成为明星……

随着年龄的增长，我升入了四年级，现在最渴望的是能够少一点课外培训，多一些自由时光。

记得上一、二年级的时候，只要每天一完成学校布置的家庭作业，余下大把的时间可以由自己说了算，做自己喜欢的事。有时悠闲地坐在沙发上，拿着遥控器收看自己喜欢的电视节目；有时跟着爸妈到福州的各个公园景点游玩；有时泡在图书馆遨游书海，流连忘返。

可自上了三年级，一切却悄悄发生了改变。作业多了，加上我是左撇子，告别了铅笔，开始使用水笔，有些不能得心应手。写字水平下降了，妈妈担心极了，她希望我能写得一手漂亮的好字，就四处打听最优秀的书法老师，偷偷给我报了书法培训班。

自那之后，每天晚上我一写完课内作业，想好好放松一下时，妈妈叫唤的声音就从耳边传来了："赶快抓紧时间练习书法。"我只好无奈地整理书包，备好笔墨纸砚，完成书法培训作业。然后，我就匆匆地上床睡觉了。

后来为了备战小升初，一到周末，妈妈就骑着电动车载着我穿梭在大街小巷，辗转于各个培训点，我的小脑袋就像忙碌的机器转个不停。书法、作文、奥数、英语、足球……从此告别了和好朋友们相约在篮球场尽情玩耍的时光；告别了和爸爸在游泳池自由自在戏水的快乐。

那一天晚上，月色朦胧，我突然渴望重拾往日那自由美好的时光和生活，终于鼓起勇气，打开妈妈的房门，想和她说出自己内心的想法时，突然听见了爸爸与妈妈的谈话："你给儿子报了奥数、作文、英语、书法这么多课，不能少补习一点儿吗？孩子平时上课已经很累了，周末再这样会受不了的！""你不知道现在外面的竞争很激烈，其他孩子都很拼，我们儿子哪敢落后，要不怎么有把握考私立初中呀？"听到这，我又悄悄把心里话咽了回去。妈妈的良苦用心让我感动，也让我无奈。

现在，每到节假日，我回到罗源老家，看到表姐弟们都没有各种补习，像鱼儿似的自由自在地玩耍嬉戏，羡慕极了。而我还有一大堆的补习培训作业没有做完……

想想妈妈平日对我的付出和期待，我不能让她失望，得坚持。但我仍然盼望能少一点儿培训,如小草盼望春雨,柳丝盼望微风,大地盼望暖阳那般,盼望自己能够有更多的自由时间,能够在自己的世界里自由飞翔!

修　钟

黄嘉晋

"嘀嗒，嘀嗒……"一个扁而大的钟正卖力地工作着，近看，原来用的还是古罗马数字，反而增添了一种古老的气息，钟的轮廓早已变成了旧棕色，表面上有些斑驳，指针吃力地跑着。谁又能想到，这个钟走了多久？

我的曾祖父是一个细心的钟表匠，每一次修起钟表，就没日没夜，非要把钟反反复复地修来修去，必须做到完美才肯善罢甘休。有一次夜晚，我坐在曾祖父身旁，一丝不苟地盯着曾祖父在修幽黄的灯光下的一个古老不堪的垂钟。细细闻上去有一种淡淡的木香，手感粗糙。肯定都很旧了，曾祖父还修它做什么？现在漂亮的钟到处都是，曾祖父真奇怪。我一边打着哈欠一边想着。曾祖父用右眼眉梢和下眼睑套上一个单眼镜筒，一个个拆卸着细发如丝的铆钉，然后左手拿着一个齿轮，右手平稳地捏着一把磨得发亮的镊子，小心翼翼地摆弄着。我看着曾祖父仍对一个老垂钟坚持不懈，简直无法理解，再买个新的不就是了？曾祖父抬起头看我一眼，又似乎读透了我的心思，笑着说："哎，我们这钟表匠修的可不是钟啊，修的是人心啊！"当时的我听得云里雾里的，只是觉得曾祖父很厉害罢了。

直到有一个晚上，曾祖父又再一次轻轻地把那天修的老垂钟拿出来，曾祖父指着它给我看："你知道这个钟有多少年了吗？"曾祖父很严肃地对我语重心长地说，轻轻叹了口气。他那苍老的侧脸显得有气无力。我心中疑惑，便随口一说："四十年？"曾祖父沉重地看着幼稚的我，我读不懂曾祖父眼中的深邃。他又叹了口气，一字一字地说："孩子，你知道吗？在你曾祖父的爸爸像你这么大时就有了这个垂钟了，可能，有八十几年了吧。这个款式，当年可是最时尚的垂钟。"此时曾祖父的脸格外苍老，比以前老了十岁。好像也是身心疲惫了。曾祖父那双饱经风霜的手拍拍我稚嫩的肩膀。我有点不知所措，曾祖父又用长了茧的老手捧起老垂钟郑重地递给我，我望着曾祖父眼中的坚定，心中充满了一种自豪感，曾祖父朝我笑了笑。曾祖父既然把家族的希望交与我的身上，我一定不负众望！

那个老垂钟仍挂在家里最显眼的地方，时刻提醒我、督促我，让我明白专注、耐心和匠心的关系，明白要对工作执着，对所做的作品进行精心琢磨，做到极致……这也是做人的准则。而我也更加明了，只有脚踏实地、勤勤恳恳地学习，才会有真收获。

也许每个人，都需要一个"钟"，需要一颗匠心。

一日走过春夏秋冬

邹俊孜

若说"天下三分明月夜,二分无赖是扬州",则我心中那无与伦比、独一无二的扬州园林——个园,恐怕就要占去"二分"中的"一分",为何?

因为唯有在那,能一日走遍春夏秋冬。

古韵悠悠的东关街上,人群熙熙攘攘。随着络绎不绝的人流,一扇大门转现于眼前,门阙上一块古色古香的牌匾,镌刻着两个大字:个园。

啊!这就是令人魂牵梦萦的个园:它出身显赫,为清两淮盐业商总黄至筠以重金建造;它独步天下,别具一格的"四季假山"令人称奇。

入门,眼前浮现出一幢幢深红的楼房;远眺,楼阁由回廊连接,轮廓在清净的天空下勾勒出一道暗弧,泛着紫檀木百年不变的幽光。

满眼,是镂空的雕刻。卯榫结构的窗纹、门纹,为个园的古代风韵独添一缕光彩。

踱步,绕过几道曲折迂回的走廊,一个屋檐翘角微微上扬、屋顶赭红黛瓦组成的楼阁悄然出现。门框挂一牌匾:宜雨轩。墙上一对泛着浅蓝的花玻璃。倚坐轩中,透着花玻璃凝望,阁楼后一片翠绿的竹林和乱石嶙峋的假山。

"四季假山?!"心底猛然一震,匆匆几步入了门。

碧绿竹叶中穿梭着甲虫般跳动的光点,落了一地竹影斑驳;玉绿中隐隐约约晃动着白光,竟是草丛中拔地而起的几根雪白石笋;还藏着一只浑身皓白的公鸡,仿佛引吭高歌,惟妙惟肖。再定睛一瞧,近处的假山好似一只白羊默默无言吃草,远处的则如一条蜿蜒的白蛇。恍然大悟:这就是象形石点缀的十二生肖——好个春意盎然!

离开春山,随着杜鹃的啼啭,眼眸前弹指间变幻成盛夏的一片生机勃勃。青灰太湖石,在一潭清澈澄透的池中犹如几颗定海夜明珠,在潭中熠熠生辉,引人注目。炽热的光芒照耀着太湖石,折射的日光在凹凸不平的叠石中互相辉映,反衬着湖边的假山,似起伏连绵的山脉,又如一幅流畅的山水画,令我如痴如醉。沿着奇形怪状的太湖石,湖潭中附着碧绿的水藻,一条条锦鲤在水藻中钻来钻去。水藻抖动着,乍一看,那水藻边还俯坐着一只"青蛙",静静地盯着太湖石洞中,仿佛对夏日一派生机赞叹不断，享受这"接天莲叶无穷碧，映日荷花别样红"的无限风光。

沿着湖畔，渐渐走近了秋山，一片片、一块块黄石堆叠一起，垒起一座金黄嶙峋的假山。山上筑一四方亭，一颗苍翠的古柏倚在亭尖，凄凉萧条的景象顿时增添了些许生机。黄石山中洞穴委蛇，阴暗的幽洞中洒满了枯黄的树叶，凉风习习，树叶就在空中飘浮翻滚，犹如一只只飞蝶四处寻觅冷风中的花儿。

在萧萧秋叶中，眼前又是一片白雪皑皑的冬景。白如粉，银如玉的宣石垒起了一座座灰白的假山，银装素裹。假山边蹲着几只"雪狮""雪豹"，在荒凉的"雪地"上或蹲或跳，似乎咆哮着，对那茫茫雪山嘶吼，那悠长的回声在耳畔回荡，心中拂过簌簌凉风。

绕过假山，极目远眺，身前是一片一望无垠的竹林。回头望望"宜雨轩"四周的"四季假山"，果然是"春景艳冶而如笑，夏山苍翠而如滴，秋山明净而如妆，冬景惨淡而如睡"。

微微闭上双眼，个园的一幅幅画面犹如一帧帧视频，清晰地记录在我的心尖。睁开双眼，又是那熟悉的画境，我的心似乎早已陶醉在个园那独特的"春夏秋冬"中了。

秋

张积航

秋，一个丰富多彩的季节。树叶在这个季节枯黄凋零，五谷作物在这个季节成熟，又有多少诗人为这个季节写下诗歌，游吟低唱。

秋天，在古代就被人赋予了特殊的情感。秋天，代表着乡愁；秋天，隐含着离别的痛楚；秋天，意寓着老生命的凋落；秋天，也意味着成熟，和丰收的喜悦。

秋天，是一个充满忧愁的季节。它没有春天的蓬勃朝气，没有夏天的热情粗犷，也没有冬天的冷静单调，它有的是属于它自己的韵味。多少人在秋天，在大雁南飞之时，想起了自己的故乡；多少人在秋天，在原野上一片荒凉之时，想起了离别已久的故人；多少人在秋天，在草木凋零之时，想到了岁月不饶人，生命终会逝去。谈起秋天，人们想到的，或许多数是愁吧！这也就应了那句诗：

"自古悲秋不胜春。"

秋天虽然忧愁满怀，却又会被丰收的喜悦冲淡。一年来的勤奋与期待，都在这个季节得到了回报，怎不会让人发自内心地兴奋？看着田中成熟的庄稼，怎会不高兴得发狂？秋天，意味着收获与成熟，使得人们期待着这个季节的到来，也就为秋天涂上了一抹鲜艳。

秋天，独有它的一番韵味。秋雨，不像春雨那般淅淅沥沥，不像夏雨那样来匆去匆匆，也不像冬雨那样讨人厌烦。秋天的雨，缠绵而空灵，一下就可能是好几天。若是你去感受一下秋雨，它洗去了夏天的炎热，洗去了夏天的浮躁，让你因夏天而起伏的心平静下来，让你有一种似乎回归了自然的奇妙感觉。

秋天，让人们回归了自然，找回了内心被自己所遗忘的东西。秋天，倍感珍贵。

角落里的温暖

刘 泽

总有一些人,如粒粒尘土一般分布在世界的某个角落,朴素平凡,却令人温如春日,暖如阳光。

不记得这家水果店开在小区门口多少年了,但总见它不大的门庭前放着一个漆黑如墨的音响,听到里面传出一些轻松愉快的音乐。途经此处的你,除了被优美的音乐吸引不由得往它的招牌那里看上一眼之外,还会闻到里面发散出的诱人的新鲜瓜果的香味。

那日,天气阴沉,整个天空都是灰蒙蒙的,似乎马上要滴出雨来。我的第一个念头便是赶紧回家!不一会儿豆粒大的雨便迫不及待地下了起来,噼里啪啦地,无法躲闪。撒开腿跑回家已经不可能了,因为还没跑两步,额前的头发便湿漉漉的搭在了眼睛上,模糊了视线。

隐约间,看到了那间水果店在雨中静默着。进去避一避雨吧！顾不得多想，我便钻进了水果店。店里闪着橘黄色的灯光，空荡荡的店铺里只有一位中年妇女。本来，她是坐在收银台前的，见我进来，忙站起身来。但扫了一眼后，又坐了下去，继续低头忙着自己的事情，并没有招呼我买东西。我顿时僵硬在原地，实在不知道应不应该开口说些什么。

慌乱中，我想到可以买水果，可是一摸口袋，一分钱也没有，一时间我呆愣原地，望着门外已经集成小水潭的路面，我还是犹豫着迈出了脚步，"你拿把伞出去吧，伞就在门边上！"那女人突然开了口，原来她早就看出了我的窘况。哎，可我没能给她带来生意，她真的愿意借给陌生人一把伞吗？不过从她那平淡的口气中，我感受到一种温暖，就像一股暖流，在我干涸的心房中流淌；又像一股春风，拂去了心中的杂念。于是，拿起伞，道了谢，并承诺第二天来还伞，便匆匆从小店里走出来。小店依旧在雨中静默着，依旧弥散着瓜果香气，只不过多了些橘黄色的暖意。

后来我才听说，这水果店的老板原来在一家外企上班，有着一份很好的工作。可是有一次，她去与客户谈生意，回来时突然下起了倾盆大雨，而手里拿着刚刚签好的合同，当时的她没有带雨伞。于是，她躲进一家商店避雨，当那家商店的主人问她买什么时，她却发现自己没有带钱。她央求店主让她避会儿雨，可店主却无情地把她推出了门外,合同弄湿了,她的工作也丢了。再后来,她便在小区门口开了一个小商店,过着平淡而充实的日子,做了很多雪中送炭的好事。

每至落雨纷纷时节,我总会想起那把伞,想起她,想起那种久久难忘的温暖。

阳光很好，你若尚在

给哈克·贝利·费恩的一封信

赖麒鸿

亲爱的哈克·贝利·费恩：

你好！我是来自福州的赖麒鸿，我特别崇拜你。

你能孤身一人潜入那艘破旧的小船，偷听坏人的谈话，偷走坏人的小船，让坏人全部困在船上，等待有人把他们救下，送到监狱去；你和杰姆被骗子"国王"和"公爵"抓住后，还能想方设法地从他们手中逃脱出来，还多次破坏了"国王"和"公爵"骗钱的把戏，每次都没有被"国王"和"公爵"发现；你在玛丽小姐家里，设置了的那个陷阱，让"国王"和"公爵"骗钱心切，傻乎乎地跳了进去，虽然最后"国王"和"公爵"还是逃脱了，但他们还是没有发现骗局是你设置的……每次你都能化险为夷，逃脱危险，就算被发现了，也可以制造一些假象掩饰过去，继续寻找机会，直到做成自己想做的事为止。你真称得上智勇双全!

你做的事情大多都有条理,考虑周密。就像那次在玛丽小姐家。"国王"和"公爵"冒充他弟弟想领他们的遗产,你想揭穿他们,就和玛丽小姐讲了他们想冒领财产的事情,但你并没有让玛丽小姐直接作证,自己当证人,而是偷走了他们冒领的财产,藏到棺材里,让他们内讧,之后,也没有出庭做证,只是想方设法说"漏嘴"让大家知道他们是骗子,结果,被发现后,"国王"和"公爵"被抓住了,但是他们侥幸逃脱了,抓住了你。设想,如果你那时出庭做证了,会怎么样?肯定会被折磨!但是,你并没有出庭做证,只是不小心说"漏嘴"了,所以稍加掩饰就糊弄过去了。正因为你做事会给自己留一条后路,因而常能化险为夷。

我觉得你不仅有这些优点,还非常善良,但是又不会善良得过分。何以见得?从你上次潜入船窃听坏人谈话那一章就可以看出来。偷听那些人谈话时,你觉得那些人万恶不赦,死上十次都绰绰有余,但是偷了他们小船的你却特地滑到上游,骗那些巡逻员,说船上是他的家人,落难了,请求他们的救援,让他们去救那几个人的命。

当你在"国王"和"公爵"面前表演"皇室异兽"(骗人钱的无聊表演)时,抵御住了金钱的诱惑,没有加入他们,没有帮他们做任何一件事,连帮他们收钱都没有。你的高尚正直,更令我钦佩。

你有这么多优点，可你也不比我们大多少。妈妈常说，如果我能有你那么出色就好了。可是我知道，这些都是你在生活的磨难中锻炼出来的。等我也经历了生活中足够的风浪时，或许我就能和你一样了！希望有早日追上你的一天！
　　此致
敬礼

赖麒鸿

遇见鲁提辖

绍 浚

皓月当空,一个月明星稀的夜晚,我闲来无事,在大街上闲逛。

忽然,一道光芒闪过,在一个拐弯处,竟然走出来一个壮实的和尚。他脖子上戴着一串佛珠,手提水磨禅杖,我的脑子里闪过一个名字——鲁提辖鲁智深。他的六十二斤水磨禅杖,可有一半个我重!一般人是提不动的,却是让他使得神出鬼没。我走上前去,试探性地叫了句:"鲁提辖好!"

那人定睛看了看,问道:"洒家便是鲁提辖,敢问先生姓名?"

我一听真是鲁达,忙拱手作揖:"大人竟真是提辖,小人有眼不识泰山!话说提辖当年在状元桥下三拳打死镇关西……"

"那厮不配叫镇关西!"

"恩,说来也是。北宋年间官场腐败,特别是那高俅。'只许州官放火,不许百姓点灯'的官叫什么官!这些小人到处作恶,官府就像没瞧见似的,管都不管一下!还使得像提辖、林教头这样的英雄被逼上梁山!"

"郑屠这厮该死……"鲁智深在一旁嘀咕。

"其实像您倒拔垂杨柳时,那些偷菜的流氓倒可以原谅。"

"呵!他们当时是被我这气力给吓坏了!——若天下人都能像他们这样知错能改,我死有何惧啊!"

"可惜就是那些作孽的人太多!你看,当年提辖在刘太公庄上打的那个人竟是打虎将李忠的徒弟!李忠为人其实还不错,可偏收了个这样的徒弟。所谓'英雄难过美人关',能过得了'美人关'的英雄才算真英雄!"

"贤弟,你这番话真是太对了!那时官场上没几个清官,大部分是伪君子。当年孔子说修身、齐家、治国、平天下,那些人,别说'平天下'了,连'修身'都难啊!哦,贤弟,我要走了,你可要记着,万万不能重蹈我们的覆辙啊!"

突然,鲁提辖消失了,我再也没有见过他。可从那以后,一向懒散的我变得勤奋起来,因为我决定,要成为一个出色的人,将来当一个好官,令鲁提辖不再感叹世间不平,令更多的人过上美好的生活。

世上没有十全十美的人

李少杰

小兔今天和同学吵架了,哭着鼻子跑回蘑菇房。和妈妈哭诉,原来事情是这样的。

今天,新同学小兔到了森林二年级(8)班。刚进门,波斯猫瞥了它一眼,冷笑了一下,心想:天哪,这小兔的眼睛怎么了?肯定是它胆子小,天天哭,久而久之,才变成红眼睛的。于是它走上去,嘲讽道:"嘿,小兔,你眼睛这么红,这样象征着以后的日子越过越差。看看我,宝蓝色的眼睛闪闪发光,就像两颗钻石,以后我会享尽荣华富贵,我才不和你做朋友呢!"波斯猫这一说,全班人都过来看热闹了。

这时,波斯猫的朋友小猫从人群中挤出,跑到小兔身边,揪了揪小兔的耳朵,再摸了摸自己的耳朵,一屁股坐了下来,皱起了眉头心想:这小兔的耳朵也忒难看了吧,肯定是它听力不好,每天一直揪耳朵才变成这样的。于是它走到小兔身边,斜着嘴巴讽刺道:"你瞧瞧你那耳朵,简直难看极了,就像一个大大的直往下垂的重尾巴!你看看我的耳朵,就像个乖巧的孩子,你看,它还会动呢!"说完,摇了摇尾巴,大摇大摆地走了。

这时,小鸡瞧了瞧小兔的长短腿,想:这是什么腿呀!前短后长。想到这儿,它不禁吐了吐舌头,说:"你看看你的腿,怎么这么奇怪?看看我的腿,正正好!"说完,它的腿在这光滑的地上摩擦了几下,趾高气扬地走了。

孔雀这时经过了这儿,瞅了一眼,心想:这小兔的尾巴也太短了吧!于是它的嘴角上扬,两手交叉,嘲讽道:"你看看你的尾巴,就像一团大米!看看我,尾巴颜色鲜艳,就像一把动物专用的扇子!"孔雀一边说,一边展示它美丽的尾巴。

听完小兔的哭诉,妈妈安慰道:"其实他们都不了解你。你的长耳朵就像一对顺风耳,所有风吹草动你都能听见,就算是一根针掉到地上你都能听见。而且还很有趣。"说着,它揪了一下小兔的耳朵,"还有,你的眼睛就像红宝石一样好看。"说完,它喝了一口水,"之后,你的短尾巴可以不让你被天敌抓住。"

"宝贝",妈妈微笑地接着说,"我们与别人不一样,但我们有我们的优点,它们也会有它们的缺点。学会欣赏自己，尊重别人，因为世上并没有十全十美的人，你说对吗？"

小兔恍然大悟，不再哭了。第二天，它把兔妈妈的话告诉给大家，昨天嘲笑她的同学都感到了羞愧。现在，森林二年级（8）班的小动物们都学会了相互欣赏和尊重，班级越来越团结了！

荒岛求生

陈余和

野外求生专家贝尔一直以来都是我的偶像,我梦想着有一天能像他一样在各种困难的生存环境中挑战自我!这个暑假,我终于有机会当一回小"贝尔",在一座无人岛上和队友们共同度过了艰苦而有意义的七天。

第一天,我跟随大部队来到了旗山侠客谷,在这里进行荒岛求生前的准备训练。教练教我们制作火绒,用镁棒点火;拆搭帐篷;用小刀制作自己的餐具……学会这些技能,可以使我们在荒岛上具备基本的生存能力。看似简单的技能,实践起来却不是那么容易,如何精准地使用刀具而不会让自己受伤?如何选择搭建帐篷的营地以及快速拆搭帐篷?如何用镁棒才会高效地把火点燃?样样都是学问。经过一天的学习,我们对接下来荒岛上的生活更加自信了。

第二天，是我们登岛的第一天，我们的岛屿位于平潭岛长江澳海滩的对面，虽然近却不容易到达，岛主的船把我们运上岛后就离开了。我们在一片松树林里搭好了帐篷，还制作了一个简易厕所，安顿好后，教练告诉我们，接下来几天我们将要靠自己的劳动技能来生活，教练仅提供不足以吃饱的物资，我们还不能体会到这是一种什么感觉，于是，在岛上的第一个晚上，我们队就把一大半的米用来煮了稀饭，大家大快朵颐一顿后，就躲进帐篷讲起悄悄话来，看来生存挑战没啥难度嘛，哈哈！

第三天一早，由于镁棒找不到了，教练扣减了我们队的物资，这一天，我们仅有少量的米，五根玉米（我们队有十二人）。为了节省物资，我们早上只用了一半的米和三根玉米煮粥。上午退潮时，大家都去礁石缝里找海鲜，我们找了许多海螺，可是都很小，中午我们用这些海螺煮了汤，又苦又涩，非常难喝，我只喝了几口，晚上又是像清水一样的稀饭。我真的觉得好饿！

第四天，教练又给大家分了一些芋头，还是吃不饱啊！我的眼前浮现出了牛排、汉堡包，还有许多好吃的东西。教练今天带着大家去海边放了渔网和虾笼，等着明天一早来收，真希望明天能多收一些好吃的海鲜。为了改善伙食，教练决定带着大家去抓蝗虫吃！每次在电视上看到贝尔吃虫子，我都想尝一尝，这回我们终于要进入荒岛求生的经典环节了，哈哈，想想都激动！这岛上的蝗虫还真不少，大的有手掌那么长，蝗虫有三种，一种是食草的，好抓，一种是大头蝗虫，会咬人会踢腿，还有一种个子比较小没啥肉。我们在草丛里进行地毯式搜捕，每看到一只就以迅雷不及掩耳之势将它绳之以法，放进准备好的矿泉水瓶里，然后把它们串成一串放火上烤到焦黄，把头连着内脏一起拔掉，就可以开始品尝烤蝗虫了，那味道真是没得说，鸡肉味儿，嘎嘣儿脆！

第五天，我们去查看我们的渔网，好可怜，只有几只小小的剥皮鱼，另一个队的渔网里都是些不能吃的河豚，真是叫人沮丧！好在教练给我补充了一些土豆和大米，中午的时候还给我们每人分了两条两个指头宽的小鱼，这对我们来说已经是美餐了，我们把鱼杀好洗干净煮了亮晶晶的鱼汤，一人分了一小杯。晚上，我们把土豆和早上的小鱼用油炸了，撒上孜然粉，一人一小份，好吃！夜幕降临时，有队友生日，教练给了大家一份惊喜，一人一个袋装小面包，我舍不得吃，把它装进了背包里，要是啥时候饿得没东西吃时再拿出来。

第六天，我们在荒岛上寻宝，穿越树林、山坡，花了大半天的时间才把目标找到，真是饿得找不着北了！可接下来让人开心的事却是一件又一件，先是教练给大家发了一袋小鱼丸，我们用泡面调味料煮出了好吃的泡面味的小鱼丸！晚上，教练居然又给大家发了一大块猪肉！猪肉！猪肉！我们就地取材，从海滩上捡来较扁平的石板，在火上直接烤肉，美其名曰：石板烤肉！对于经历了几天的饥饿与疲惫的我们来说，这无疑是一道人间美味，大家一致认为这是一周以来吃到的最最最美味的食物，比我们平常垂涎三尺的自助餐要好吃上一百倍！

第七天，我们到了回程的日子，早上大家照例煮了地瓜+稀饭，饭后大家便开始收拾行李，处理我们在岛上的生活垃圾，让这个无人岛回归它原来的面貌。伴随着"突突突"的马达声，我们的小船离开了这座无人岛，在海面上留下了一道又长又白的波纹。

这一次荒岛求生，让我经历了从来没有过的饥饿感，也体会到了队友之间互相帮助、互相鼓励的珍贵友情。在这个无人岛上，没有灯，没有手机，没有电脑，我们每天天一亮就起来，天一黑就睡觉，可是我却觉得很充实。如果有机会，我依然会再来。

秋意浓

王灵婕

"秋意浓,离人心上秋意浓……"

凄美的乐声音绕耳畔,挥之不去,我只身一人走在秋天的林间,枯叶飞旋。

恍惚中,看见了她娇小的身影,秋子!我正要上前去寻,但不过须臾,影子消失了,林子的尽头只有飞舞的枯叶。枯叶的清香与苦涩弥漫着我的往昔岁月,忧愁怅然。

我想秋子了,从走路跌跌撞撞的时代起,我们便相识了。从此哪怕是进入小学,也是同一个班,我们的感情固若金汤。她很少说话,沉默隐忍,像我身后的一抹影子。

可去年秋天,因为旁人的挑拨离间,几年积累的感情支离破碎,我与她形同陌路。她曾多次来找我,想挽回这段友谊,但因为我的倨傲,她没有与我重归于好。那年秋天很冷,空气里尽是忧伤。

深秋，一个消息仿若晴天霹雳：秋子要转学了！下午便要走了！一瞬间，我的傲气、伪装统统化为齑粉，一个声音催促我：别等了！快去找她！

到了那片林子，秋子熟悉的背影就立于尽头，她的身旁，是她母亲与沉重的行李。听到我的呼喊，她怔了怔，随即跑过来，我们紧紧地拥抱在一起，泪水夺眶而出……

枯叶，纷纷扬扬地飘落飞舞。

故事总是这般，最美的时光总在尾声，方才明白，而生活却迫使我们错过。花开两朵，天各一方，秋子不得不与我分离。

她说，不要为了秋天的落叶感伤，因为总有一天，会有新叶萌发；她说，不要为了秋天的离别而惆怅，因为总有一天，我们能再度相遇。永远记得她对我的宽容，她的言语，那辆驰远的车尾后，纷扬的落叶……

又是一个秋天。一个怀揣希望的秋天。

落叶不知疲倦地舞着，同样的情景，而那时的伤感却已换作如今的释然与满怀希望。耳边低低响起呢喃。

"好，我等你，等下一个秋意浓浓的秋天，离人归来。"

枯叶舞，秋意浓。

美丽的秋

张佳慧

秋,总是这样。它所蕴含的,不是春的生机勃勃,不是夏的深沉火热,也不是冬的安宁圣洁。秋天饱含成熟与宁静,蕴含着新奇的乐趣,丰收的喜悦。

月 影

秋凉里的月,破译人心灵深处莫名的伤情。如水的月牙在云中穿梭,孤寂的音符转悲为喜,悠扬低回。轻柔的音符和着渺茫的音乐回旋,如心中的宁静,森林中的一泓清泉,人间的如雪白衣。月影,秋的淡淡伤感。暮从碧山下,山月随人归淡黄的月光便倾泻,清新冰凉。山水雾蒙眬,水平静如镜。秋景,在月光下,如同宣纸上的浓墨,一层一层地渗开。深浅各异。月影中的山水,铺展金碧辉煌的锦绣。

菊　韵

当百花殆尽，死气沉沉之时，菊便绽放了。它们把春夏日日夜夜里储存的精华随着花瓣的绽开毫无保留地释放了出来。它们不是一枝独秀，孤芳自赏，也不是几朵竞相绽放而是群芳吐艳、姹紫嫣红。红的似火，紫的如霞，白的如雪，黄的似金。它们争奇斗艳，傲寒斗霜，不畏严寒，不畏风雨。菊韵，秋的热情与旺盛生机。"不是花中偏爱菊，此花开尽更无花"。它们每天都在为绽放自己生命的光彩不断付出着，努力演绎着生命的美好与勃勃生机的画面。

枫　图

枫叶如秋季，如火烧，如红霞，如热日。火红的枫叶恰似一幅宝图，红红火火添吉祥。图之绘者，即秋季也。枫叶，秋的绝妙之画，鬼斧神工之作。"停车坐爱枫林晚，霜叶红于二月花"，枫图之下，绘出秋季的成熟与火热。

秋，就是这样。即淡然，又火热。既萧然又生动，如果没有秋季的月，又怎么有大诗人李白的《月下独酌》

呢？如果没有秋季的菊，又怎能使作家写出《秋天的怀念》呢？如果没有枫叶，又怎能让杜牧流连秋山而忘记去处呢？它们是秋的成员，就像潮起潮落构成了大海一样，它们形成了美丽的秋。

阳光很好,你若尚在

张诗颖

秋在我的印象里,是极美的。她是个姑娘,到了该沉稳的年华,变得感性。秋总是使人感伤的,秋风呼呼地吹,吹进心里,就忍不住寂寞,你离开,是在秋天。

我会永远记得你的模样,和分开时你止不住的泪。

父母离异,你很少像平常孩子那样,有个可以让你嘴角上扬的玩具。你从来不奢求有什么玩偶、美食,而总是很沉默。我主动靠近后,才发现你原来很脆弱。

"其实温暖一定是存在的,我也相信,但它不会降临在我身上了。你是我唯一可以不谈形象、尽情欢笑的人,我不想走。"我记得,这是我们分开前,一个星光闪耀的夜晚,你对我说的话。

"那为什么要走,不想为什么要走,既然我们是这么好的朋友,你为什么要走?"我泪流满面,只顾着质问,你被我当时的模样吓得惊慌失措。真的，我不想你走。

"妈妈，是妈妈让我走的，她说我必须要走。她说爸爸不要我了，让我跟她走，她说我们要去很久，很久，她说是我没资格和你做朋友……"你哭了，你终于，还是哭了，是无声地哭。我安慰着你，像是在为刚才自己太过激动的表现道歉，我一再地请求你，不要走。

第二天，你还是走了。

那天，秋风在吹，吹得落叶纷飞，我跟着你去的机场。瑟瑟的风很凉，很凉，吹得我还是落泪了。你一向坚强，却抱着我，同我一起哭了。你上了飞机，我目送那飞机在消灭在我的视线，我明白，你也同那飞机一起消失于我的生活。

又是秋天，我又想到泪流满面，不愿离去的你。秋风吹起，又吹进我心里。

秋天沉默，但你若尚在，秋天一定是灵动的样子；秋天伤感，但你若尚在，秋天一定是幸福的样子。

相约秋天

周子淇

秋天是一个独特的季节,它有着变幻多端的天空,层峦叠翠的山林,香气宜人的花朵,各式各样的果实……

秋天的天空就像一幅蓝色的调色盘,时不时粘上点白色颜料。云朵有时是鱼鳞状的,一块接着一块,井井有条地摆放着,两片云朵似连似断,让人捉摸不透;有时则是轻飘飘的,仿佛孩子们打个喷嚏就可把它们吹走;有时又像一缕缕丝线,编织着一幅属于秋的蓝天!

秋天的山林就像一个冷色调的调色盘。在山顶,是由嫩绿,翠绿,墨绿再到深绿的;山腰是由深黄,杏黄,鹅黄再到淡黄的;而山脚,则是从淡红,粉红,桃红,再到深红的。有些地方的叶子别具一格,它们邀请了其他好朋友来家里做客,在嫩绿中夹着少许淡黄,在杏黄中夹杂着少许粉红,在深红中夹杂着少许翠绿,是不是很有趣呢?

秋天的树木也用自己特有的方式来迎接这个美好的季节。常青树的树叶最为突出，那一簇接着一簇的嫩绿的叶子看了就让人心旷神怡。一般的树在秋天变化不大，脱下了绿衣裳，换上了金黄的连衣裙。变幻最大的就要数枫树了。它从冷色调变成了暖色调，从嫩绿的无袖长裙，再到深红的棉袄。有了树，当然不得不提树叶了。秋天的树叶有它独特的风格，有时像芭蕾舞者，有时像音乐家。瞧，那些芭蕾舞者从树上飘到地面上这短短的时光里，正在上演着一场精彩绝伦的舞蹈。它们踮起脚尖，在这似有似无的舞台上轻轻移动着，如蜻蜓点水般轻快，蝴蝶飞舞般自在。接着表演起它的绝活——转圈。它向前走了几步，吸了一口气，转了起来，它那优美的身姿在空中划出一个完美的圆形。完毕后，再次踮起脚尖向观众谢礼。这些动作一气呵成，完美谢幕！同时，它们也是优秀的音乐家，"沙沙沙"这正是它们特有的音符。这些美妙的音符让人陶醉，久久难以忘怀！

在秋天，也许你闻不到春花的芬芳，也许你闻不到夏花的浓郁，也许你闻不到冬花的淡雅，但你却能闻到甚至听到秋天花朵的独特。鸡冠花，菊花，一串红正是它的代表。鸡冠花的颜色有纯白，淡黄，紫红，淡粉……这些颜色诉说着它的美丽；菊花的花瓣最为特别，不像水滴，不像针线，而像一只只龙爪，盛开着，欢迎着秋天到来；而一串红就与前面两种花大不相同了，一个个花骨朵垂在刚出头的根上,扁扁的,小小的,乍一看,好似一点点星火挂在上面,让人忍不住心生爱怜之心。

秋天,不仅是一个花香四溢的季节,还是一个瓜果飘香的丰收季节。一阵秋风吹过,在浓郁的花香中夹杂着一丝果香味,是不是让人垂涎三尺呢?在秋天,苹果,梨,都会高攀枝头,展示出自己的魅力,迎接着人们到来……

秋,是一个让我爱到极致的季节,让我们一起相约秋天,拥抱秋天,享受秋天吧!

二十年后回故乡

阮　越

　　一晃眼，离开亲爱的祖国到美国定居已经二十年了。望着窗外那轮明月，"露从今夜白，月是故乡明"，不禁想起阔别已久的故乡——福州。

　　今天，我迫不及待地订好归程的机票，激动地收拾行李。终于起飞了，一路上我想着：不久就要回到我朝思暮想的故乡了，我还认得出它吗？我的母校——二附小怎样了？好久没见的、亲爱的爸爸妈妈怎么样了？……下了飞机，我一看手表，超速飞机真快，才飞了两小时就到了。

　　快步走出机场，看到了来接我的爸爸妈妈。他们的头发都已经灰白了，妈妈不再年轻美丽，爸爸不再身材魁梧。我顿时眼眶湿润，惭愧于自己因为工作繁忙，疏忽爸妈太久了！抱住爸爸和妈妈的一瞬间，温暖如电流般透彻了我的每个神经。

出了机场,我难以置信地瞪大了眼睛,天哪,这是我的故乡福州吗?!宽阔的马路上行驶着一辆辆环保型太阳能汽车,道路两旁栽满了五彩缤纷、种类繁多的鲜花,一棵棵参天大树投下片片浓荫。

爸爸妈妈带我到了我的母校——二附小。学校的变化同样很大:教学楼高耸入云;游泳池扩大了许多倍;还新建了溜冰场;操场在地下,这样下雨也能做操;教室里摆满了高科技产品……眼花缭乱,真是孩子的乐园!校门边的小卖部多了好几家,店更大了。商品琳琅满目,都是无人超市。

回到温馨的家园,小区里,原先拆掉的运动器材重建了,许多小朋友在那里又跑又跳,好不快活。看着他们,我只觉得真是"儿童相见不相识,笑问客从何处来"。家中,地面上铺了防滑瓷砖,家电是环保太阳能的,用一些手势就能一一开启或关闭。超级便利的家居令我目瞪口呆。

相聚总是短暂的,转眼间就到了分别的时候,我依依不舍地离开了我魂牵梦萦的地方,我决定尽快回来,为了爸爸妈妈的幸福晚年,也想为祖国的昌盛贡献一分力量。再见了,我亲爱的中国,亲爱的故乡;再见了,我的爸爸妈妈!相信我们很快就会再见!

智能化的未来世界

郑子睿

"请快起床,请快起床。"响亮的声音在我脑袋里回荡。我睁开惺忪的睡眼,慵懒地打了一个哈欠,看到一个机器人拿着一叠衣服走来。我惊奇地瞪大着双眼,呆呆地望着他,心中暗想:"我家什么时候添了这么个东西,难道我来到了未来?"

百思不得其解地,我穿好衣服,下楼洗漱。在打开我房间门后,我发现,我家已经大变了样:用大理石堆砌的楼梯已经变成了扶手电梯,而电梯上也有几个机器人。下了楼,穿上拖鞋,正想迈出右脚,却发现这个拖鞋无比沉重,又好似被胶水粘在了地上。不料,这个拖鞋自动向饭厅滑去,顺便清理了沿路,整个家变得整洁干净。

到了饭厅门口,一个有趣的扫地机器人在原地转圈,"哎哟!"我被机器人绊了一下,双脚从拖鞋中滑出,身体似乎失去了重心，左手肘马上就要和地面来个亲密接触，身体却奇迹般地飘浮在空中，不时地上下浮动。我立马站了起来。这时，熟悉的面容出现了——母亲，说着："要不是我们家安装了反重力器，你早就摔了个四脚朝天了。"我暗自窃喜，也赞叹人类未来的智能化。

　　吃过了美味的早餐，背上了书包准备去上学，这时妈妈说："试试新买的滑板吧！"我有些不屑，心里暗笑她的老套。但她抚摸着我的头，执意要我一试。走出家门，站在滑板上滑了两下，它竟径直冲向了蓝天，这时，微风拂面，带给了我清爽。我乘着它在蓝天翱翔，自己仿佛是一只小鸟，那极快的速度，不禁使我惊讶。"真没想到，今天还在发展人工智能的人类，多少年后，竟变得如此发达。真要给科学家们点个赞。

　　"哔——哔——"我关闭了闹钟，发现我还在床上，那一切不过是我的空想，还是脚踏实地地开始新一天的学习吧，不过我相信人类的明天会更加美好！

未 来 教 室

汤舒然

让我们穿越时空隧道,到未来的二十三世纪,去看看未来教室是如何的吧。

教室竟然没有门?!仔细看了看,才发现门是透明的,难怪我"视而不见"。教室天花板上有一个微型摄像机,你别看这摄像机小巧玲珑,但它装有本班同学的姓名、面貌等信息。如果你不是本班同学或是不怀好意的陌生人,门将保持关闭,是不会让你进来的。这样,保证了全班同学们的安全。

教室的黑板和课桌,是网络连接在一起的。老师只需在黑板上写下今天要上的课程的题目,黑板就会自动地把内容一字不差地传送到课桌上。学生在课桌上做练习,这些信息就会自动传送到老师那里,这样就解决了收作业本的问题。

教室里最为神奇的,要数智能窗户了。这窗户可以根据天气的冷热来自动控制开启的大小。夏天时,窗户会自动吹出冷气,让人神清气爽。冬天时,窗户会吹出暖气,让人觉得温暖无比。这样,教室也就不用另外装空调了。

教室的墙壁可有趣了!这墙壁会根据天气变化,呈现出美丽的画卷。比如,今天下着大雨,墙壁上就会出现下雨的景象,让我们身临其境,好神奇啊!

最后,我要介绍下高科技的地板了!如果是有用的书本之类掉落地板上,它会伸出奇特的小"手臂",把书本送到同学们的课桌上。高科技地板还能够自动识别垃圾,收集垃圾并传送到学校统一的垃圾回收站,并转化成有机肥料,供给学校的花花草草,这样,我们的学校就越来越漂亮。

未来教室真是神奇啊,我们期待着早一天能够在这样的教室里学习、成长!

我的哥喜

王天行

我家里有一只漂亮的小鹦鹉——哥喜。它长着蓝绿黄三色的尾巴。黄绿相间的毛像鳞片一样地披在身上。小小的黄脑门贴在绿脑袋上。两只圆圆的,黑珍珠一样的眼睛在阳光下闪着灿烂的光。但美中不足的是它的腿断了一条,它的这条腿是被绳子绞断的。

哥喜坚强地面对了这件事,它在笼子里不停爬上爬下,用自己的嘴巴叼着侧杆,再用没断的那条腿抓住横杆拼命往上爬。有时爬到半路就掉了下来跌到了地上,跌疼了,也不停下来,终于克服困难爬到了上面的一条横杆上。又要保持平衡,就用那只没断的腿紧紧抓着自己站着的这根横杆,再用那只断了的腿时不时地扶一下横杆……

我伸过手去想摸一下哥喜那比天鹅绒还软的毛时,它就一转头,用自己的小豆眼看着我,发出咯咯咯的声音。然后在突然之间伸脖子，啄一啄我的手指。每当我去上学的时候哥喜就不叫了，一直到我回家以后才结束"沉默期"。它还很懂音乐。每当我练琴时就欢叫着给我伴奏……

它很爱探索，见到什么都要先咬一咬。有一次，我给它一块冰糖，哥喜就立刻咬咬冰糖。尝了尝觉得好吃，就立刻把冰糖吃了个精光，吃完后，我对它说："小心坏牙哦。"

哥喜很有戒备心理，每吃一口谷子就往两边看看。好像有同类要和自己抢食似的。每吃几口谷子就过去吃一口白菜，再吃一口苹果皮。它从来不挑食，三种食物都喜欢吃。现在它正立在我的肩头，咬着我的扣子玩呢。

我爱我家的哥喜，它会陪着我一起成长，给我带来无限快乐呢！

心爱的卷笔刀

蒋　恩

瞧，书桌上那小巧玲珑的卷笔刀，是我二年级生日时妈妈送我的礼物。

它有着一个蓝色的身子，背后拖着一条长长的尾巴，头上还顶着一只可爱的小狗。妈妈对我说："因为你属狗，所以这只有你可以用。"接着，又摸了摸我的头。我拿着它，左看看，右看看，一刻钟也舍不得放下。

夜晚，我在灯下写作业。写着写着，我觉得十分枯燥，脾气之火又开始燃烧，丢下笔，正准备走，小狗却摇摇晃晃地抖着尾巴，好似在说："做人一定要持之以恒，要有坚定的毅力，不能为一点儿小事而放弃。"我心里十分内疚，立刻回到座位上，认真写起来。

那天，数学考完试，我兴奋地跑回家，告诉妈妈："我一定会考一百分。"走到书桌前，小狗对我投来赞许的目光:"你真棒!"

谁知,第二天杀出个程咬金——我竟然只考了八十分。我沮丧地把试卷拿给妈妈看,心里怦怦地打着鼓:妈妈会不会打我啊?妈妈的脸顿时由晴转阴:"你不是说会考一百分吗?怎么才考这点分数?"我噙着泪回到房间,小狗对我投来鼓励的目光:"这次没考好没关系,下次继续努力!"

过了两年,它依然坚守岗位,它成为我学习中形影不离的好伙伴,我爱我的卷笔刀!

我所失去的

王大山

哎,去一次公园,把我的小鹦鹉给丢了。

我家的小鹦鹉对我很友好。每当我放学回家,打开笼子,它就像一个圈了一天的小孩儿一样,冲出笼子落在我的肩上,发出悦耳的叫声。这时,你只要伸向它一根手指头,它就会发出咯咯的叫声。这是一只多么可爱的鹦鹉啊!

可是上个周日,我去游乐场玩,在玩"赶走外星人"游戏前,瞟了一眼鹦鹉,随手一放就开始了游戏。等玩完了我再一看,鹦鹉不见了。似乎有冰凉的东西从背上爬过,我身子一颤,蹦起老高,疯狂地围着公园跑。我问遍所有的公园管理员:"见没见过我的小鹦鹉?"问的时候,我的嘴都在发抖。可是,他们都说没看见。

最后,我还是没找到我的鹦鹉。我垂头丧气地回了家，在床上一坐便不动了。妈妈看到我的样子，安慰我说："孩子，不要难过，我们马上要有一对新的鹦鹉了。"听了这话我才心安了一点，可一想到新的鹦鹉毕竟和原来的小鹦鹉不同，心里还是很难过。

那一天的经历令我明白了一件事：要管好自己的东西，对它们负责任。如果不管好，不负责，就会失去它们。而失去后，是再难以弥补的了！

听沈石溪聊写作

赖挺华

暑假时,我参加了彩虹桥夏令营,见到了我最喜欢的作家之一——沈石溪。他的动物小说总是让我爱不释手,比如《斑羚飞渡》《再被狐狸骗一次》《狼王梦》等,这些书我都看了好多遍呢。

见到崇拜的作家,我自然相当兴奋。听他介绍自己和动物的生活经历,听他讲起他儿子的故事,让我感觉真是津津有味呢。

他小时候听说云南西双版纳随地就能抓一把花生,因为穷怕了饿怕了,他就到云南去讨生活。到了云南,他发现当地三四十岁的人看上去都像六七十岁的样子,说明当地人的生活其实相当艰苦。可是想回也回不去呀,所以他只能在当地暂时住了下来。云南是个动物很多的地方,像孔雀这样的动物很值钱,一根孔雀的羽毛可以买一元钱,一只孔雀身上有三四百根羽毛,更多的可以达到七八百,因此运气好的话打到一只孔雀就可以赚七八百元钱,相当于县政府好几年的收入。沈石溪经常跟一个三四十岁的"老妈妈"上山打孔雀,因为老妈妈是当地打孔雀拿手的猎户,而沈石溪学习本领强,所以他们合作赚了好多钱,成为县里的首富。听得我有些向往,要不要也到云南去试试打孔雀。不过现在孔雀是国家保护动物,应该也不让打了。

有一次,他们带了一葫芦火药去打孔雀(当时没有现在先进的子弹枪,打猎用的就是装在葫芦里面的火药)。他们找了一个上午,总算遇到了一只大孔雀。孔雀站在他们头顶的树枝上,他们装上火药准备举枪射击时,天上下起雨,火药被浸湿了,他们只打出一发门炮。因为没打中,他们接着不停地打,最后在火药用光前终于打死了孔雀。可回去的路上遇到了一群饥饿的狼,用光火药的他们只好躲到一棵树上,把孔雀挂在树杈上。根据老妈妈的经验,狼是没有耐心的动物,过不了一小时,它们就会走。可是,直到天黑狼还是没有撤退。老妈妈发现是孔雀不停滴血,引发狼的兽性,所以它们在等待。于是老妈妈把孔雀血装入原先装火药的葫芦里。可尽管如此,熬了两天,狼还是没有离开。沈石溪建议把孔雀扔给狼,可老妈妈觉得要先把孔雀羽毛拔光才能送给狼,她还很幽默地说:"除非这群狼非常好色,否则它们是不会要既不能吃也不能穿的孔雀毛的。"

可沈石溪错了,狼饿得晕头转向,已分不清人和树,只要他们跳下树就能把狼打退。谁知狼吃了孔雀,就在原地等待更多的孔雀。幸好当地的村民及时赶来救了沈石溪和老妈妈。不过这一次沈石溪被吓得三个月不敢上山打猎。

这一段经历听得我提心吊胆,被群狼环伺,那该多可怕啊!

沈石溪的动物小说与他在云南的经历有着密切关系,而小说中对狼的描写是最好的,因为狼给他留下太深刻的记忆了!看来文学来源于生活是不变的道理。

长年的写作也曾经令沈石溪觉得太累,但是想想有那么多小读者的期待,他还是会一直努力为孩子们写下去。一想到可以看到更多沈石溪的小说,我就格外期待!

他看起来长相清瘦,和蔼可爱,皱纹很多,手很粗糙。我觉得他和动物很接近,像去了毛的猴子。我还觉得他大脑的分量很重,说起话来摇头晃脑,感觉脖子有点支撑不住脑袋。呵呵,可能这样摇晃就能有更多的好故事被摇出来啦。我也希望自己能有丰富的生活经历,好好学习,用心写作,像他一样,成为很多孩子的崇拜对象。

完美老师大拼贴

苏子博

大家心目中应该都有一个完美老师吧？我希望我的老师有一张能说会道的嘴和知识渊博的大脑，一双灵巧的双手，一双会说话的眼睛，一对神奇的顺风耳，有种独特的洞察力，有一颗善解人意的心，健康的身体。俗话说得好："金无足赤，人无完人。"世界上没有这样的老师，那我准备"剪切""拼贴"一个完美老师，敬请期待！

我的语文老师有一张能说会道的嘴，和知识渊博的大脑，里面装着许多好玩的，令人期待的好点子。有回上课，她越讲越激动，脑子里的点子天马行空，如豆子般从她的嘴里滚出来。同学们被她生动有趣的言语吸引，时而哄堂大笑，时而鸦雀无声。她边说边在教室内行走，同学们都目不转睛地盯着她，活像一群呆萌的企鹅跟着指令齐唰唰地转动身子。真是一堂如痴如醉的语文课呀，这嘴和大脑我直接"剪切"了。

　　我的机器人老师有着一双灵巧的双手。这双手可以编出五花八门的程序，各式各样的机器人，令人无比佩服。每次组装课上，他那双敏捷的手总是在零件里不停地来回取件，用不了多久，一台复杂、崭新的机器人就会在他的手里诞生。我目瞪口呆地看着机器人听话原按指令工作，打心眼里敬重我的机器人老师。那么，这双敏捷灵巧的双手，我必须"剪切"！

　　我的习作老师有一双会说话的眼睛。课堂上，那双水灵灵的眼睛会不停地巡视着同学们，有时弯成月牙形，那是表扬大家都很棒；有时瞪成大圆形，那是暗示某人该收起小动作了；有时微微眯起，那是提示大家不要走神……同学们就这样跟随着那双会说话的眼睛，就像望着一对珍珠。这双会说话的大眼睛，你们溜不掉啦！

　　我的信息老师有一对神奇的顺风耳，可以三百六十度无死角地扫描整个教室。不论哪个方位出现窃窃私语，信息老师都能即刻接收到你发出的轻微"信号"。他立马火冒三丈，你也会瞬间变成"炮灰"——罚站。这么精准的顺风耳，是保证课堂规则的必备"武器"，我要啦！

　　我的数学老师有种独特的洞察力，任何小动作都躲不过他的超能力。若是你敢以身试验，他的眼睛会直勾勾地盯着你，令人心惊胆战！接着轻轻地拿起戒尺，慢悠悠地走到你身边，那把"可爱的"戒尺就会在你的屁股上留下一串"条形码"。这种神奇的超能力,务必"剪切"打包。

  我的英语老师有一颗善解人意的心,对犯错的同学从不责备。有回我以蜗牛的速度吃完午餐,眼看快迟到了,还一路堵车,这真是雪上加霜,欲哭无泪!当我赶到教室门口时,大家早就开始上课了。英语老师什么都没有问,只是摸摸我的头,轻声地说:"赶紧坐好,准备上课。"这么有爱心的心灵,我当机立断"剪切"。

  我心中的完美老师还缺少什么呢?对,必须要有健康的身体。我的篮球教练拥有强壮的身体,篮球课上组队对打,无人能敌。只见他以迅雷不及掩耳的速度直奔敌方篮筐,敌方众多,形成一堵厚厚的人墙,固不可催。教练却轻而易举地绕过他们,来个漂亮的转身空中投篮,三分球成功进篮。这堵人墙在教练面前立刻分散,不堪一击。这么健康的身体是我完美老师的条件,立即"剪切"。

  我的完美老师即将诞生,我把各方"剪切"来的完美"部件"进行"拼贴",成功合成出我心目中的完美老师,为她取名为"完美一号"。怎么样,如果你也想要一位这样的老师,就自己去拼贴吧。

牛奶"不倒翁"

林轩亦

上课铃响了——"同学们,你们猜猜这里面是什么?"老师提着一个精致的黑色礼物袋兴冲冲地走进教室,神秘兮兮地问。话音刚落,五花八门的答案就出来了:"巧克力""糖果""笔"等,还有更甚者,竟猜出了"作文书"这个答案!

面对想象力如此丰富的同学,老师一脸微笑地摇摇头,说:"装不下!既然这样,那我就给你们一些提示吧!这东西是含有液体的!"这句话如一根魔法棒,让原本冥思苦想的同学们一下有了灵感:"果冻""布丁""果汁"……还是不对,到底是什么呢?这时刘宇涛举起了他胖乎乎的小手,我们似乎看到了一丝胜利的曙光,老师请了他,他语气中带着一丝疑惑:"是牛奶。""恭喜你答对了!太棒了!"老师一边夸赞刘宇涛一边摸摸他的小脑门,刘宇涛开心得脸上的肉都荡漾起来。

"想喝吗?只要把它吹倒,它就是你的啦!"说完,老师将牛奶竖立在宇涛同学的桌子上。只见刘宇涛紧张地走到桌前,深吸一口气,蓄积能量,眼睛瞪得溜圆,目光聚焦在那盒牛奶上,好像能射出激光把牛奶射倒似的!"三二一,发射!"我在心中默念着。刘宇涛用尽全身力气,涨红了脸,仿佛把丹田里的气都吐光了,但牛奶纹丝不动。

老师望着失望的宇涛,说:"要不,我允许你请两个帮手。"刘宇涛连想都不想,就冲下去把班级重量级选手熠智与定坤拉了上来。他们气势汹汹,走路的时候,地板仿佛都在震动,颇有几分众汉"吹"墙倒的气势。终于要吹了,他们三个目光锁在牛奶盒上,脸贴脸,使劲儿一吹,那盒牛奶却似乎什么都没有发生过一样,连晃都没晃一下。

"看来光使蛮力是不够的,你们还得借助外力!"燕子老师拿了一个信封出来,昕珺主动请命。只见昕珺将信封卷成一个筒,好像很有自信的样子,轻蔑地看着牛奶,仿佛已成了他的手下败将。"可理想很丰满,现实很骨感!"昕珺鼓起腮帮子朝纸筒用力一吹,牛奶仍像扎了根一样,一动不动。

最后还是老师揭开了谜底:用纸筒,轻轻一推,牛奶倒了！全班同学霎时露出惊愕的神情，这也行！燕子老师调皮地说："我是让你借助信封的力量弄倒牛奶，又不是吹倒！"我晕！

看来，所有东西都能发光，只要你正确使用它，它就能发出最灿烂美丽的光芒。

"听写"大赛

叶子军

浓浓的火药味围绕在我们周围,看着前排"临时抱佛脚"的几个同学,我不免幸灾乐祸,又为自己担心:万一……万一我全不会怎么办?我左顾右盼,看着从一排换过来的同学,我摇摇头,只能靠自己了。"在五秒内请写下两个字,开始。"燕子老师拿着稿子,抬起头看着我们,缓缓说道,我的脑中蹦出两个词:开心,高兴,全然没有听见老师再次重复的"开始"。写完后,我看看左边,嘿,这人想法跟我一样!讲台上的老师注视着下面的我们,神秘地笑了笑:"你们都写了什么词?"

"高兴……"台下的人争先恐后地说着,老师却频频摇头,"开始!"陈涵大叫道,顿时,吹嘘声一片,老师却点点头,伸手点了个赞。我看着笔下的字,懊悔不已,为什么我不认真听?真是的!

同学们的目光锁定老师生怕漏了一个字,老师好像没看见这些目光似的,依旧我行我素:"第二轮,是用左手写一个短句。"听完老师的话,我难以置信地睁大双眼,哈?这不是逼我上绝路吗?我右手写字就不好看,更别提左手了!再说,我们班不是有左撇子吗?这是为他发明的啊!不行,我要抗议!等我反应过来之时,班上早已哗然一片,抗议声更是连绵不绝,"规矩就是规矩!"燕子老师淡定道:"准备开始,准备开始。"老师将这句话重复了两遍。我无比艰难地提着左手,嘴中默念一、二、一、二,眼看越写越怪的字,我长叹一声,左手呀左手,你是上帝派来捣乱的吗?正我心烦意乱之时,一堆人举起了手,老师哈哈大笑:"你们是不是只写了'准备开始'?哈哈,有没有吃一堑,长一智呀?"我仔细一听,不好,又中陷阱了……

暖阳照在我们身上,"听写"大赛也接近尾声,风儿传来如铃铛般的笑声,似乎也在提醒我们,要学会认真地听呢!

最美的夕阳

那 片 花

黄雨诗

世界上每天都有人出生和死亡,每天都有无数的人,会感受到亲人降生时的喜悦和离去时的悲痛。可我从未想过,我会首先品尝到痛苦的滋味,直到那天,太爷爷过世了。

接到电话后,我们一家开车匆匆赶回老家。漫长的路途中,我始终难以相信这个太爷爷去世的噩耗。爷爷听到这个消息,仿佛一下子老了好几岁。默默长路,我不禁想起小时候去看太爷爷的事情。

记得上次回老家,妈妈教我用地方话问候太爷爷,我说得不太大声,因为觉得地方话的口音有点像普通话骂人时的感觉。谁知,太爷爷有点耳背,听不清,我只得又大声说了一遍,老人听了笑了起来。那舒展的眉眼,勾起的嘴角,开朗的笑颜,和蔼极了,哪怕我曾害怕过他历经沧桑的布满可怖"沟壑"的脸,但此刻那种感觉已不复存在。老人带我来到屋后。我一下子喜欢上了那一片娇艳美丽的花,虽然叫不出名字。我摘下几朵丢进清澈的小溪,老人看着我糟蹋精心种植的花也不生气,脸上挂着一抹淡淡的微笑。而现在,再也看不见那开朗和蔼,让人如沐春风般的笑了。

不知不觉间,车子已驶进了村庄,几声狗吠将我从回忆中拉回。车一停,我便向那丛花而去。只是,却没看到,原来,没有太爷爷的照顾,花全都已经枯死了。我心里空落落的,真正感到了太爷爷的离去,我难过极了。

经过两天的奔波,我们又匆匆赶回了福州。只是,值得我珍惜的一些事物、人已经没了,永远失去了。那个我毁了花也不生气,总是笑着的老人与那片无比美丽的花,都再也回不来了。"树欲静而风不止,子欲养而亲不待",我们都应珍惜眼前人,不要等失去了才蓦然回首。

最美的夕阳

余涵靓

妈妈买回一袋香甜的杬果,让我想起了远在老家的外婆——

"外婆,外婆,我要吃杬果,我要吃杬果!"年幼的我嘟着嘴,蹦蹦跳跳地跑到外婆的身旁,抱着外婆的身子说道。

"好勒!"外婆弯着腰,银丝中一股莫名的精气神。我们牵着手,走向果园。

黄澄澄的杬果早在风中停留已久,在阳光的照耀下更是秀色可餐。它们高昂着头,似叱咤风云的将军一般,傲然挺立着。外婆没有说话,只见一双苍老的手猛地抓住枝头,脚踩着树皮,熟练地摘下一粒杬果,我早已等待不住,剥开杬果皮,开始一饱口福。谁知一不小心,手一滑,将杬果皮丢在地上,我没理睬它。杬果那香甜的汁水渗入我的喉中，渗入我的心扉。不料，脚一滑，踩中了那枚果皮。眼看着就要倒下去了，说时迟，那时快，千钧一发之际，外婆从树上下来了，还没等她站稳，就直向我这边奔来，身子一歪，倒在我的身后。我预想的疼痛却迟迟未到。

我害怕地睁开眼睛，映入眼帘的是那一轮即将西沉的红日。身下柔软的触感令我醒悟过来，猛得直起身，赶忙去扶外婆。夕阳余晖洒在她的银丝上，她艰难地站起来，苍老的脸庞上挤出一丝微笑："没事的。"我再也忍不住，豆大的泪珠掉落下来……

外婆，我明天就去看你，即使你已入黄昏，我也要陪你看那最美的夕阳。

自行车的后面的爱

黄婷玉

我有一辆粉色的自行车,已经老旧了,却仍保存得好好的。每次看到它,我都会想起那自行车后面的爱。

记得那是我六岁的生日,小姨给喜欢运动的我买了这辆自行车。我高兴得一蹦三尺高,不停地央求爸爸带我下楼学自行车。爸爸却说,他还要做完这张表格。我去问妈妈,妈妈目不转睛地盯着电脑,不耐烦地对我说,去跟爷爷看戏!她还要我写论文。我只得闷闷不乐地独自看动画片,脸色难看得像烂掉的苦瓜。爷爷刚换完衣服,准备和朋友去看戏,看见我愁眉苦脸地坐在沙发上看电视,问我:"宝啊,不高兴?今天你可过生日哩!脸咋扳得像包公一样?"我又想到爸爸妈妈不耐烦的样子,忍不住号啕大哭起来。爷爷被吓坏了,赶紧安慰我:"宝啊,不哭,要不爷爷教你学自行车?爷爷以前可会骑了!"我听到爷爷的话,马上擦干眼泪,让爷爷马上带我下去。突然我想到:爷爷本来是要去看戏的呀!便赶紧质问道:"爷爷不去看戏?该不会是像爸爸妈妈一样骗我吧!"爷爷赶紧说:"爷爷啥时候骗过你!"还给约好去看戏的朋友打了电话,这才叫我放了心。

  我吃着棒棒糖,麻利地穿好了新鞋,催促爷爷快快下楼,说着便一溜烟儿跑得没了影儿,全然没有注意到爷爷在寒冷的冬天里冒出的汗珠。到了小区里,我赶紧让爷爷把自行车放下,好让我快点儿骑。由于我太小,还不能够到车踏板,于是只能骑着自行车的"大杠"。爷爷在自行车后面吃力地推着,尽量保持自行车的平衡。而我骑着"大杠"扭来扭去,把爷爷折腾得不停喘着大气。终于,爷爷扶不住我,自行车重重地倒在地上,露出的一点钢线刮破了我的小腿,但我不想听爷爷的劝,坚持要学会骑自行车,没有注意到爷爷苍老的面庞已经显得疲惫不堪……

  回到家时,余晖已经爬满了天空。睡觉前,我听见爸爸低声责怪爷爷:"你别老惯着她!"爷爷却说:"今天是她生日!""可你的身体你又不是不知道,你风湿病又不轻!"那一夜,泪水打湿了我的枕头。

  "咚咚咚",一阵敲门声打断了我的思绪,爷爷给我煮了汤圆,让我出去吃。我望着爷爷越发苍老的面容,想到爷爷对我宠溺的爱……"快来吃汤圆啦!"爷爷对我喊道。"好咧!"我应道,高兴地向爷爷走去,向那份无限包容的爱走去。

外婆，我想您了

林可伊

我想外婆了！

上幼儿园时，外婆来接我，手里像有魔法似的，总有一块巧克力，或者一个大肉包，或者一些小零食，我总是问外婆："您怎么不吃呢？"外婆总是笑笑："外婆不爱吃，伊伊多吃点！"我幸福地吃着好吃的东西，蹦蹦跳跳地跟外婆回家。回回都这样，令我现在一想起外婆，第一个想到的就是外婆手里的糖。

上了小学一年级，刚开学时，我总是哭哭啼啼地喊要回家，爸爸妈妈都快被我烦死了。只有外婆一如既往地哄我，逗我开心。后来成绩不理想，爸爸妈妈骂我时，外婆总是语重心长地安慰道："一次考不好没有关系，但如果放弃坚持就有关系了。人都会有不擅长的地方，都会有失误的地方，只要找到这个不会的知识点，去弥补，下次不犯同样的错误就可以了。"外婆似乎就是我的天使,在背后默默无闻地鼓励我,支持我。

　　小学三年级,放学回家已经很累的我,看到堆积如山的作业,不觉有些烦躁。学校里受的委屈,各式各样的烦恼,对现实的不满,一下子爆发在外婆身上。觉得外婆精心准备丰盛的晚餐是理所当然的事,外婆好心的提醒更是一根根导火索,随时引燃我这个炸药。慢慢地,外婆在我面前变得小心翼翼。终于,外婆觉得她是一个负担,她会影响我的生活,不顾爸爸妈妈的劝阻,坚持回老家。那时的我竟没有一丝不舍,高兴地与她挥手再见,外婆轻轻地叹了口气,转头走了。而如今,我已经是五年级的大孩子,回忆起外婆的笑,外婆的爱,开始痛恨自己的自私。外婆,年少的我太无知,没有明白您的爱,对不起!我爱您!

　　"宝贝,在干什么呢?外婆来电话喽!"房外传来妈妈的声音。我连忙站起来,跑出房间去接电话,这一次,我一定要告诉外婆:"外婆,您回来吧,我想您了!"

我是小小志愿者

林子荃

夜幕降临，我和芷墨、刘轩一起来到屏东社区，和社区的叔叔阿姨们一起深入各家各户，寻找楼道中的安全隐患，并宣传家庭医生免费签约活动和六十岁以上老人民生保险。

我们几个小志愿者第一次体验居委会工作，非常兴奋，兴高采烈地领了宣传单，一蹦一跳地跟着大部队走进了居民楼。过道里真黑啊，不过，我们并没有退缩。人多力量大！

不一会儿，我们就发现了一户人家门口摆放着鞋架。在保安叔叔的保驾护航下，我壮着胆子敲了敲门。"谁啊！"业主的声音从门内传了出来。"我们是社区的小志愿者！麻烦您开下门！"我马上有礼貌地回答道。业主打开门，说："有什么事吗？""这个鞋架是您的吗？"社区阿姨问道。"是啊,怎么了。"业主明显有些不耐烦了。社区阿姨耐心地解释:"您的物品占用了消防通道,麻烦您把鞋架收起来。"业主点点头,"咚"的一声关上了。看来他对我们并不欢迎,我的心里有些不舒服,突然明白了社区工作人员的不容易。遇到居民的不理解、不支持、甚至是埋怨,他们都必须耐心解释,多次提醒,这就是他们的工作啊。

  有了前车之鉴,我更加耐心地跟随大家,敲开一户户人家,不厌其烦地进行宣传。小伙伴们一个个口干舌燥,汗流浃背,谁都没有怨言。社区工作,需要你我共同携手!

"女国"与"男国"之战

周祉辰

在五年（6）班形成之时，大地分裂成两半，一边是"女国"，一边是"男国"。男国总是看不起女国，暗自谋划要彻底打垮女国，称霸五年（6）班。

终于在那次游泳课上，男国带着大队人马向女国大军发起了一次水下之战。"好哇，说比就比，走着瞧！"我带着女军，骑着马，翻山越岭，终于来到了磐河之地。我军脱下盔甲，纵身一跃，便像鱼儿一样潜入水中，溅起一朵朵洁白的水花。而男生们呢，却像笨狗熊似的摔入水中。他们似乎并不在意我们的举动，在他们的眼中，我军好似一只只小蚂蚁似的，一拧就死，一掐就碎。

趁着何大将军与李大神谈心之时，我出其不意，攻其不备，迅速下潜，游到他们脚边，抓住他们的小腿，以闪电般的速度一拉，哈哈，两个家伙随即沉入水中。过了好一会儿，两人才挣扎着浮出水面，满面通红，咳嗽声连绵不断。当他们反应过来，意识到自己被整治时，顿时怒发冲冠，正想报仇时，我却以迅雷不及掩耳之势游了回去，一头扎进女军堆里，商量下一个对策。

只见一艘船慢慢地向我们驶来，上面飘动的蓝旗像一个老太婆似的蜷缩在一起。我灵机一动，钻到船底下，双手用力一撑，"扑通，扑通……"男国士兵纷纷落水，又是一次"血流成河"。

我们制服了他们。打这以后，男军们再也不敢小瞧我们啦。五年（6）班成为一个团结的班集体，由"女国"和"男国"联合治理。

我班的"武器"和"机器"

叶 展

我告诉你啊,我们五年四班中,有不少"武器"和"机器"呢。听到这句话,你肯定很疑惑——你们班怎么会有"武器"和"机器"呢?哈哈,那你就听好了,我要说咯……

首先,我来讲讲我们班中体积与杀伤力最大的武器——"核弹"。单听名字是不是已经感受到他的杀伤力了!我就来讲讲关于他的趣闻:"核弹"——小陈同学是班上我的好朋友,有一天,他看见小金在欺负小唐,于是就"路见不平一声吼,该出手时就出手啊","阿哈,最近练了重力拳,今天就对你用用吧!"说罢,便做起了用手挠脚的热身运动,然后,开始了他的"大宇宙爆发"——勾手,出拳,来个"黑虎掏心",一拳过去,山崩地裂,惊天动地,如同闷雷滚动时发出的声音,响彻云霄！只听"轰"的一声，顿时把班上百分之九十九的人都吓晕了，仅存的我便来观看这场精彩绝伦的战斗。小金被小陈的重力拳击出十米，小陈乘胜追击，小金拔腿就跑，小陈却紧追不舍。就在这千钧一发的关键时刻，班主任来了，小金正暗自庆幸时，只听小陈对班主任说："啊哈，最近练了降龙十九掌，对你也试试吧！"说罢，他又开始做起了手挠脚的热身运动，结果……他站着上了四节课！

接着，让我来讲讲2号"机器"——"拖拉机"。他可是我们班最最最拖拉的人哦！他的名字叫——小米，还是先来听听他的故事吧。

有一天，我叫他下课后到操场玩，他欣然接受了，然而……

一下课，我便以迅雷不及掩耳之势飞奔到了操场，可是等来等去就是没见他下来，于是，我只好上楼看他到底在干吗？唉！原来他还在做热身运动，可是热身运动为什么要做这么久呢，看看就明白了：第一节，头部运动，一、二、五、三、二、二、七、五、四……天呐！八个节拍要做成十二个节拍，噢买缸！（oh，my god）脑怪这么慢！所以每次约他玩，我都得做好无尽等待的煎熬准备！

最后，我要介绍第三个"特殊机器"——"洒水车"。洒水车之所以被称为洒水车（小王同学），是缘于他使用的水杯可以挤压喷水的。这样他的"仇人"可就遭殃了，一言不合就喜欢帮人"洗头、洗澡"，还"洗衣服"哩！弄得同学们很是头痛，敬而远之！所以朋友不多，大家万万不可学他哦。

对于核弹，我只想劝他熄熄火；对于拖拉机，我想叫他加加速；对于洒水车嘛，我就希望他少做点恶作剧吧；对于其他的"特殊机器"，我只好说，大家好好当人类就好了嘛！

我会武林大扫除

林 杰

大扫除人人知晓,可武林界中的大扫除你可就有所不知。告诉你,我会武林大扫除!

窗户大除尘

要说窗户,是全武林都头痛的事儿,为什么呢?因为窗户长期受灰尘"骚扰",整个窗户已经成了"毛玻璃"。要说我这个处女座,非常难容忍这种脏东西。我抄起暗淡的抹布,它已经在这儿睡了七七四十九个小时,渴望劳动的它看到了美味的甜点——灰尘,不禁两眼冒着金光。可是"灰尘大军"犹如"钉子户"死也不肯从窗户搬走。"啊哈!"我大叫,拿着一个抹布将军,使出"白鹤转圈",想把底层灰尘赶出窗户。不料,灰尘们却使出了

"迷魂计"，顿时，我感觉面前一片乌黑，就连抹布也咳嗽起来。"灰尘大军太狡猾了！"我摇摇头说。所以，我使出第二招：我先把抹布挂在竹竿上，然后对准窗户"杀呀！"我以迅雷不及掩耳之势向着灰尘大军一片狂擦，抹布舒服地跷着二郎腿，吃着美味的大餐，不一会儿，窗户就被擦得干干净净，"我们胜利了！"我高兴得欢呼。可是，当看到其他数不胜数的窗户后，我差点晕了过去："这得什么时候才能擦完啊！"

地板大清洁

地板上有许多的垃圾，今天不除何时除？于是我派出了我的得力干将：吸尘器。吸尘器将士果然猛，纸——吸！棍子——凑合着也吸！它一步并作两步，把垃圾们打得是叫苦连天。突然，我发现有一颗大石头在墙角，非常隐蔽，吸尘器将军拿不定主意，因为这石头太大了。石头把大拇指倒着放，嘲笑道："就你这水平，想把我制服，门都没有！"这时，我出场了，我可是鼎鼎大名的武林高手，一下子把石头搬走，扔垃圾场了。

终于，我把垃圾清理完了。等等，那石头好像是块璞玉耶！啊，我的美玉！

小木偶寻父记

苏子博

自从小木偶获得了人类所有的表情,便开始寻找自己的爸爸。它希望自己有个家,能和爸爸一起过上幸福的生活。

小木偶来到一座种满小树,开满小花的山岭。它爬上山坡,问小鸟:"小鸟小鸟,你有见过一位雕刻师吗?""叽叽,那位雕刻师翻过了这座山岭,向海滩方向走去了。"小鸟站在树枝上欢快地回答。小木偶穿过了树林,来到了常年积雪的山顶。它顶着寒风,艰难地往前走。慢慢地,它身上积满了白雪,但是,找到爸爸的心愿,像一把燃烧的火把,驱使着它不停地前进。

小木偶终于走到了海边,遗憾的是爸爸已经离开了。伤心的小木偶遇见正提着一大筐鱼儿的老渔夫,便礼貌地问道:"老爷爷,请问您在这海滩有看到过一位雕刻师吗?""呵呵呵,当然啦,昨天它还在我家借住了一宿呢。"老渔夫乐呵呵地说。小木偶急切地追问:"那您知道他去哪儿吗?""它乘船到对岸的海岛去了。"老渔夫微笑着回答。小木偶跟老渔夫道谢后,简单地吃了点干粮就连夜赶到码头,划着小船向对岸行去。

小木偶登上海岛,发现这是一个无比繁华的大城市,灯火通明,人潮涌动。这里的人们正在享受着早餐带来的快乐。小木偶吃了一块口袋里的小饼干,便开始四处询问爸爸的下落,却毫无收获。最后,在一处幽静的小树林里,小木偶发现了一栋别墅,它觉得自己的爸爸也许就在里面,便悄悄地走了进去。客厅里,一个小孩儿正在开心地玩电动火车,他的爸爸坐在小孩儿的身旁陪着,不是雕刻师。小木偶失望地走出别墅,再也不能克制地放声大哭,它认为自己再也见不到爸爸了。突然,一个小小的声音从地上传来:"孩子啊,不要哭,只要你不放弃,你的爸爸就会出现。""谁?谁在说话?"小木偶惊慌地问。"我是小人国的公民,孩子记住不要放弃就能成功!"小木偶看见一个小人边向空中飞去边向它招手。

小木偶停止哭泣,走出繁华的城市,来到了一片阴森森的树林。它看见各种鸟儿轻快地飞回鸟巢,黑夜即将来临。突然,从不远处传来一声声嚎叫,一群野狼正在觅食。小木偶灵机一动,将自己装成一根树枝,安静地躺在草地上,野狼果然若无其事般地从它身边窜过。过一会儿，树林恢复了幽静，小木偶立刻迅速地向前跑。不知跑了多久，小木偶终于跑出了树林，眼前出现了一座小乡村。村里错落着许多小房子，小木偶往房村里跑去。村民们看见气喘吁吁的小木偶，亲切地围上来。在村民的帮助下，小木偶在其中的一座小木屋前看到它的爸爸坐在门口雕刻。小木偶大声地喊道："爸爸，我终于找到您了！"雕刻家放下闻声抬头看到小木偶正跑过来，父子两人紧紧地拥抱在一起。

　　小木偶历经千辛万苦，最后成功地找到了它的爸爸。从此，两人在小乡村里幸福地生活。

奇妙的旅行

周子淇

让我们坐上时光机来一场奇妙的旅行,一起回妈妈的肚子里,看看我们在那里都做了些什么吧!坐稳,咱们要出发啦!

"哈!这是一个可爱的女孩子。"导游透过时光机的玻璃向我们介绍道,"看看她的眉毛又细又长,手指纤细,面带微笑,肯定做了一个好梦。"

这是一个十八周大的女孩子,可以看到她的五官,面容清秀,甜美可爱,令人心生怜爱。忽然,她慢慢地抬起大腿,动了动小脚丫子。"不好,不好,请大家抓稳了!"话音刚落,机舱就开始剧烈晃动起来。呜——淑女形象秒破灭,女汉子模式开启。"嗵嗵嗵"左脚,右脚,哎哟,妈妈呀,伪淑女比女汉子更为可怕呢!以后肯定是一个彪悍的女子。

"哗——"我们乘着时光机,飞出了这位妈妈的肚子,终于松了口气,踏上另一段旅程。

"好的,大家来看看,这是另外一个女孩子,已经在娘胎里待了二十八周了哦。"导演用手指着玻璃外的女孩子介绍道,"瞧瞧,这双大眼睛多美呀!哦,还是双眼皮呢?以后肯定是个漂亮的姑娘。"

"叮咚咚——嘀嗒嘀嗒——"优美的音乐传入我们的耳畔,那个女孩儿也不例外。只见她轻轻地抬起手臂,翘起兰花指,踮起脚尖,随着音乐跳了起来,我们也跟着她摆着身子。看到这般优美的舞姿,导游不禁当起了预言家:"这孩子以后肯定是位出色的舞蹈家。"姑娘好像听到了我们的赞赏,开心极了,跳得更欢了!

旅游到这里,有些男同学就不乐意了:"怎么都是女孩子呀!我想看看我们在妈妈肚子里长什么样做什么事嘛。"大家不要着急,这艘时光机接下来会带你去的!

"哗——"果然,时光机带着我们来到了一个大约三十周的男孩子身边。只听外面传来爸妈的猜测声:"我觉得他这么乖,一定是个女孩子。"妈妈用手轻轻抚摸自己的肚子。这位男孩儿可不乐意了,我是男子汉,可不是爱哭鼻子的女孩子!只见他握紧拳头,为了证明自己,奋力地用脚踢向自己的母亲的肚子。"哎哟",传来一声叫喊,想也知道这是母亲的声音。"我看可不是哦!"爸爸笑着说道,"我看这是个男孩子哦。"宝宝听了才展开了皱起的眉毛,摸了摸妈妈的肚子表示赞同。外面的父母也不禁笑出了声……

"好的,今天的旅行到此结束,如果你想了解更多自己在妈妈肚子里的趣事,就回去问问妈妈吧!期待我们下一次的旅行!"

鼻子出走记

石 竹

早晨，我迷迷糊糊地起床洗漱，总觉得自己鼻子的位置上凉飕飕的，对着镜子定睛一看，天哪，我的鼻子消失得无影无踪！此时此刻，惊呆的我正望着镜子发愣，耳边陆续传来刺耳的尖叫声。我不禁从窗外向下看，雾蒙蒙的天，灰沉沉的地，楼下的人们就像地震来临前的动物惊恐万状，有的跪在地上仰天长叹；有的乱舞双手惊慌失措；有的失控尖叫放声大哭……整个城市陷入恐慌。

我迅速冲到客厅，连忙打开电视，一连串的相关新闻正在播报："目前，在福州市长办公室里发现了一封重要信件，内容是这样的：亲爱的市长先生，您好！我代表鼻子给您写这封信。近年来福州的气候不是雾霾就是沙尘暴，我们实在是难以生存，迫于无奈才集体出走啊！如果哪天恢复了曾经的福州蓝，我们非常乐意回到主人的身边。"我无奈地伸手摸了摸鼻子的位置,继续观看新闻报道:"此刻,市长正在召开紧急会议,布置各部门开始启动城市空气漂白方案。街头的市民也纷纷加入'漂白行动'……"我立刻关掉电视,充满斗志地离开了家。我们这些失去鼻子的市民们开始在空地上种植花草树木,打扫街道,清理垃圾,禁止污染物排放……我们每天都在努力!

时间不知不觉地在"漂白行动"中流逝,种下的树木开始抽出了新芽,灰色的空地披上了嫩绿的草坪,盛开的鲜花引来蝴蝶翩翩起舞,失去鼻子的我们虽然闻不到花香,但能感受到清风拂面,看到头顶的天碧空如洗,眼前的一切不正是鼻子出走的信中所提到的福州蓝吗?我满怀期待,希望能快点见到我那久违的鼻子。

清晨,香樟树上的鸟鸣声把我唤醒,睁开眼睛的第一个动作就是摸摸鼻子的位置。咦,我的鼻子回来啦?我立刻从床上一骨碌爬起来,跑到镜子前瞪大眼睛左看右看,鼻子真的回来啦!"你这小东西居然不告而别,太不够意思了!"我生气地捏了捏鼻子。它立马求饶道:"主人,我也舍不得离开你啊!两年前的环境已经让我们每只鼻子都患上各种疾病,可怕的是病情一直在蔓延,迫于无奈才集体出走。"原来,鼻子们看着福州环境一天天恶化,它们最后决定利用集体出走来引起市民的重视。鼻子们请来成千上万只瞌睡虫,在一夜之间钻进每个市民的脑袋,让市民一整夜睡得毫无知觉。鼻子们从主人的脸上跳下来，悄无声息地集体离开福州城，躲进偏远的山区。鼻子们虽然每天可以呼吸新鲜的空气，远离了疾病，生活得无忧无虑，但是它们心里无时无刻不思念自己的主人，担心主人的安危！它们每天都通过探子带回来的消息了解福州市民的行动，在山区默默地为主人加油！我珍惜地摸着鼻子，心里无比感慨！

"丁零零——丁零零——"一阵阵刺耳的闹铃声不依不饶地在我耳边响着，我翻了个身，睡眼蒙眬地望着苍白的屋顶，脑袋里一片一片放映鼻子出走记的画面，这是真的吗？我像弹簧似的从床上弹起，用力捏捏鼻子会痛！"图图，该起床啦。"妈妈的声音从门外传来。呼，原来鼻子出走记是一场梦，真是虚惊一场啊！梦里的一切是那么的真实，那么的难受！我拉开窗帘，看看窗外的天还是清澈的蓝，香樟树还是透亮的绿，心里安心不少！

我们能生活在福州蓝下，真要珍惜爱护，从我们每个人做起，每天坚持保护福州蓝，否则说不定哪天鼻子就真的来场说走就走的旅行，那我们就惨啦！

蒲公英旅行记

程昕珺

太阳高高地挂在没有一丝白云的蓝天上,将刺眼的金色阳光洒向大地。一个山谷里,一个小水塘中,水面上波光粼粼。时不时滚下一块小石头,让平静的水面泛起阵阵涟漪。水塘边上的一个旅行者,早已做好充分的准备,整装待发。一阵微风吹来,把旅行者送上了天空……

不知在天空中飘了多久,我,一朵普通的蒲公英,在微风的吹拂下,缓缓睁开双眼,好奇地打探着这个奇妙而又陌生的世界:抬起头,天上的鸟儿正边飞边叽叽喳喳地聊天,白云离我很近,仿佛伸手就能够到;低下头,看江河奔流不息,看密林广阔无边;望四周,峡谷立于云端,远处,悬崖峭壁深不见底,令人望而生畏。我的心情前所未有的舒爽,可想到以后的路还有很长,心里不免有些孤独与无助。就在我感到失落的时候,一只落下队伍的燕子朝我飞来,脸上带着欣喜之色。"同是天涯沦落人"的我们很快成了好朋友,一起结伴同行。我们每天不是观赏壮丽山河就是聊着各自以往的故事,每天都充满欢声笑语。在一个夜深人静的夜晚,风静静停了下来,大概是我在天空停留了太久,要回大地了吧。我望着天空,依依不舍地挥手告别。下一刻,慢慢坠入了小溪里……

我在小溪里漫无目的地漂流,经过溪水浸泡,我的身体变得更加柔软,我感受着这水中的事物:聆听溪水动人的歌声;感受石头动听的旋律;观看鱼儿奇妙的表演。瞧,那两条鱼儿交叉着向前游动,仿佛小孩儿在一同嬉戏打闹;看,那一条条鱼儿拼命地向高处跳跃,是想让我明白要坚持、坚强、不向困难屈服吗?想得出神,一时没注意,眼前是一道瀑布,我正向着瀑布冲出去。突然一下失重,轻飘飘的,我缓缓降落在一片草坪上……

我呼吸着新鲜的空气,再也不会感到孤独——有青草姐姐、小花妹妹陪伴在我左右;石头哥哥陪我谈心;路过的昆虫偶尔也会找我唠嗑几句。可好景不长,我感到我浑身无力,正在慢慢沉入泥土之中,终于一股强烈的困意袭来,我沉睡了过去……

"滴答,滴答",一场春雨过后,我开始从泥土中向上生长。我坚信,当我也拥有无数的小小蒲公英时,我将会告诉它们,我见识的这个世界的美丽,它们也将再度带我领略这个世界的美好……

植物的启示

孙艺宁

妈妈送给我一盆生机勃勃的植物,我兴高采烈地收下了,把它放在我的书桌上。

刚开始,我每天都按时给它浇水。看着它逐渐长大,变得更加翠绿,更加茂盛。每片叶子胖乎乎、绿油油的,像一个个胖娃娃立在枝头。一阵风吹来,一个个可爱的胖娃娃就跳起了优美的舞蹈,我的心里别提有多高兴了。

但是,好景不长,我渐渐忘记了浇水,胖嘟嘟的叶子开始消瘦。起初,它还可以不屈地直起腰来,后来就慢慢地弯下了腰,仿佛在诉说着它的艰辛。随着时间的流逝,它的叶子渐渐地枯萎、掉落。叶子的颜色也暗了下来,但是它仍然顽强地存活着。现在有风吹来,叶子也不再翩翩起舞,反而掉落了更多叶子。

我不经意地朝那盆植物望去,"啊,它怎么变成这样了？哎呀，忘记浇水了。"我略带慌张地惊呼道。我急忙把它扶正，细心地帮它把根埋进土里，浇一些水，放在阳光充足的地方。

几天后，在我的精心照料下，植物很快又恢复了以往的样子。看到植物康复了，我很高兴，但也很惭愧，因为我好几天没浇水，它完全是靠坚定、顽强的生命意志活下来的。

这盆植物是最普通平凡的，它不像大树那样强壮，可以为人们遮阳挡雨；更没有花儿那样艳丽迷人，被人观赏赞叹。但它却有着坚韧的生命力，就是这样一盆不起眼的植物让我懂得了：人生中会遇到各种困难和坎坷，要顽强不屈地勇于面对，不断克服困难，相信成功就在不远处！

大自然的舞台

邱镇海

如果说大自然是一把小提琴,那么风就是最好的琴杆,雨就是最好的演奏者,万物就是最好的琴弦,你天生的金嗓子刚好能衬托这美妙的奏乐,这就是一场大自然的演唱会。

天空发怒了,黄豆大小般的雨点砸了下来,演奏开始了。雷神用尽了它全身功力发出震天一吼,风神也在放肆着,想把经过之处变成荒芜之地。演奏就这样进行着,雷霆下,坚硬的石头也不再威风凛凛了,俯下身子尽力配合雷神表演,霹一道雷,石头就"咚"一下,霹二道雷,石头就"咚"两下;风神刮着坚强的大树,使大树像"压力板"一样,将雨弹回去,落在地上,发出"滴滴"的响声。在这场演奏中,演奏者都大汗淋漓,石头忽上忽下,忽起忽落,每一次都为演唱者增添一份兴趣。像树、竹子等虽然不是主奏，但在这演唱会中也没有比它们的声音更出彩的了。如此美妙的音乐，怎么能不让人动心？虽然聆听者，只有我和你。

演奏完毕，天再次放晴了，就像主持人那样，再次"变脸"宣布二次演奏的开始。此时的天空格外晴朗，风雷神各自收回了武艺，万物停止了，湖面恢复了平静。随着一阵山风吹过，第二场演奏开始了。湖面上荡起一阵阵涟漪，三五成群的鱼儿跳出水面，树上的鸟儿开始鸣叫，森林里到处都是"叽叽喳喳"的声音。我静静地坐在林间小路的椅子上，聆听大自然的声音，享受大自然带来的乐趣。森林中，许多可爱的小动物开始觅食，识相的知道我拥有食物，便跑到我身边要吃的。看着这幅美丽的图画，我笑了。我不忍将这幅美丽的场景打断，于是，我开始打量这山中的一切，也忍不住跟它们打几声招呼："淘气的云雀干什么呢？是在找妈妈还是在觅食？我猜你们是太淘气了，不想回家了"

落日的余晖洒满树林，使林间小路变得金灿灿的。一队队的动物在妈妈的带领下走回家中，我明白我该回家了。临走时，我又回头望了望，此刻的森林一片寂静，只因"夜猫子"还未到活动时间。我转过头踏着乡间小路，在清风的吹拂下，在充满稻花香的小路上，迈着轻盈的步伐，一步步向家走去。

野趣侠客谷

蔡瀚洋

寒假,因为参加登山协会的冬令营,我走进了旗山的侠客谷,发现山中的每一样东西都是野的。

山是野的。侠客谷的山,乍一看和别处的没什么区别,但是再认真一琢磨,你就会发现侠客谷的山有好几层:第一层是被一条小河如利剑一般在两座山中开辟出的一道峡谷;第二层是如海的竹林,风姑娘轻抚竹林,他们就晃着自己的脑袋沙沙作响;第三层是松树林和芭蕉林,一条条小溪从林中穿过,发出哗哗的响声,格外动听。

路是野的。山路有时在林间穿行,有时和小溪比肩而行,有时拿几块大石头向溪里一扔,踮着脚尖就从石头上蹦了过去。还有一招更厉害的,从山路旁抓几大把沙子向水里撒去,浅溪变成了一片沙洲,山路便从小溪上游过去了。

在这大山里游玩的我们也变野了。你看,那个平时文文静静的女孩子,一手拿着一条烤鱼,正追杀一个偷了她烤地瓜的男孩儿呢;再把镜头转向河滩上,一群男孩子正拿着竹篮在捞鱼呢,虽是竹篮捞鱼一场空,可还是乐此不疲;连我们宿舍"举舍闻名"的"洁癖哥",也挽起裤管在溪中玩闹呢;你说我在哪?那个坐在树上吃着烤地瓜的人就是我啦!

在溪水的哗哗声中,时间也一点一点地溜走了,在鸟儿归巢的歌声里,我们揣着一堆战利品,树枝、松果、鹅卵石……回营地了。

侠客谷真是"野"趣十足啊!我爱侠客谷,更爱变"野"的我们!

板栗人生

樊文慧

"老板,来八块钱的糖炒板栗!"

"好嘞!"

寒风肃杀的冬天,手里的土褐色纸袋是唯一的温暖。

伸进袋中的左手立刻被暖暖的温度包裹,捻出一粒,冰凉的指尖被热乎乎的板栗渲染。

两指一松,手掌往下保持平衡,看那枚板栗静静地躺在掌心里。

棕红色的外壳上带着糖的黏腻触感,侧边土褐偏淡的一块浅浅的,凹凸不平,整枚板栗的两侧微扁,中间高高鼓起。

如此平凡。

右手捻起它,置于上下牙齿之间,轻咬一口,清脆的"咔嚓"声响起,只见板栗壳上裂了一条口子,裂缝处的壳往内微陷,用力捏两侧,再听"咔嚓"一声,之前的裂缝不忍压力，微陷的部分向上掀起，顺着裂口轻轻往外掰，剥出完整的板栗来。然而这一枚的绒毛似的果皮与外壳似乎很松，并未与外壳一起被剥去。

无奈，只得慢慢剥去那层碍眼的果皮。

"嘶——"似乎果皮上的短细毛扎入大拇指中，无意间磨拭到，我疼得倒吸一口凉气。

知道这时候是铁定无法拔去刺，赌气似的快速剥去果皮，见到黄色的果肉，一把塞到口中，微甜，蜜味，芳香四溢，顿时满口生香。那温如沙的触感在舌尖飞舞，"温润儒雅"四个大字顿时从我脑海中浮出。

嘴中品味着板栗，思绪却被牵扯。

这板栗不像人生吗？

当你付出努力后，满以为接下来是巨大的收获，然而却似被生生泼了冷水，等待你的是又一波磨难。你整理思绪，准备重新出发，接受挑战。挑战什么？挑战极限！你心里还是有点儿怕，怕这样的付出得不到回报，但你鼓励自己，不让自己退缩，忍着泪在寒风中攀上高峰，最终，你得到了宝藏，你高兴，你激动，你忘了疲惫。不曾在拼搏时流过一滴泪的你，瘫倒下来，抱着收获哭得稀里哗啦。

也许，夸张了些；也许，扯得太远了些；也许，小小的板栗并不能负起"人生"的重量，不过那根到现在都拔不出来的刺分明时刻提醒着我这些的！

板栗人生，说来可笑，却是每个人必然的经历。

我知道的，我一直都知道。

会开花的梦想

外婆的集邮册

王泽睿

我的外婆有一种收集老东西的嗜好，那些要的和不要的她都要放起来当宝贝，在她眼里这是宝贝，在我的眼里，这就是一堆"垃圾"，但有一次我和妈妈收拾东西的时候，翻出了一个大大的红本子，我翻开它看了一下："哎？这不是外婆的集邮册嘛！"

打开册子，我就被这些各式各样、千奇百怪的小方块吸引住了。里面有建筑风景的、有中国名人的、有动物植物的，甚至还有些外国的。妈妈告诉我这些邮票里也有她收集的呢。我在想这一本集邮册那么多邮票，外婆肯定也收集了很久，那么是怎么收集的呢？妈妈告诉我说，外婆先是看到同学有在收集邮票，觉得好玩，所以也开始集邮。外婆和她的小伙伴们每天下课都会聚到一起，看看你这套缺哪张，哎，我这刚好有多就可以进行交换，或者在一起谈谈邮票的故事，比如这是土楼的，这是鲁迅的，这是北京故宫的等等。听完妈妈这段话之后，我明白了以前的同学之间还可以以票会友。

后来，我妈就接过了外婆的"接力棒"，继续把她们的集邮事业发扬光大。据说她有时会特意在邮递员来之前就在传达室"守票待员"，那耳朵简直灵敏得不行，邮递员的自行车铃铛一响，我妈就听见了。等邮递员走了之后，她就开始仔细打量每个信封上的邮票，哪些有，哪些没有，哪些好看，哪些漂亮……再等到收信人来了，经过收信人的允许，就能把邮票连信封一起拿走了。但是有的邮票贴在信封上，撕都撕不下来，该怎么办呢？我妈先是把邮票连信封一起剪下来，放入清水里浸泡一两个小时，直到邮票和信封完全分离，然后把邮票晾干，最后压平就好了。久而久之，老妈的邻居都会跑来问我妈："我那里有什么什么邮票，你要吗？要我就给你拿来。"

一张小小的邮票既可以交到许多朋友，又可以锻炼耐性和坚持不懈的精神，还可以增加童年的乐趣，一举四得，我是不是也要收集点东西来一举四得呢？

会开花的梦想

阮诗越

深蓝的天空中,一轮皎洁的明月纯净如雪,旁边还缀着几颗闪烁的星星,院子里边,奶奶缓缓地揭开了大锅盖,顿时香气四溢,瞬间,黑夜的云朵停下了不停奔走的脚步;月亮停下了给孩子们唱《摇篮曲》的声音;星星停下了不停眨动的小眼睛……它们都想看看这是什么东西:锅里的东西黑乎乎的,我也好奇地踮起了脚尖,问奶奶:"这些东西是什么呢?"奶奶微笑着答:"这是笋咸。你要吃一小口吗?"我欣喜地答应了,抓起一根笋丝,啃一口:"奶奶,这真咸!"我赶紧把嘴里的都吐到垃圾桶里,奶奶笑着摸摸我的头说:"可惜了!这么大截都吐了!这里面有个秘密!""秘密?"

笋咸也称咸笋,是鲜笋加上清水和盐后腌煮而成。奶奶说:"现在笋咸不多见,我们家的手法煮出来色、香、味俱全，你想要学一学吗？明天一早，我在厨房等你，把这项手艺和秘密传给你。"一个晚上我都在琢磨"秘密"中糊里糊涂地睡着了。

第二天，我起了个大早，想到笋咸的事儿，就飞快地从床上跳下，直奔厨房。奶奶比我起得更早，她已经帮我准备好了材料，可是我心中有个疑惑："是用老笋煮笋咸好，还是用嫩笋煮笋咸好呢？又怎么区分这二者呢？"我告诉了奶奶，奶奶对我说："用老笋做笋咸口感比较好，但也不能太老。挑笋时可以用指甲轻轻一掐，皮软的是嫩笋，皮硬的是老笋。"我学着奶奶的模样挑出了好几棵笋，其中大的像小水桶，有五六斤重；小的也不小，有我的两个手掌大，大约有两斤重吧。接下来，我认认真真地去皮，仔仔细细地洗净。虽然不像嫩笋般可爱，但也像一个个活泼的小娃娃。然后放在锅里清水捞上几遍，加入一斤多的盐，在锅里闷煮，要一直煮到晚上。在煮的过程中，我问奶奶："盐放这么多，那不是很咸吗，这样怎么会好吃？"奶奶说："这是笋咸中最重要的步骤，盐可以起到保鲜的作用，这么一大锅笋，是要吃一年的，如果量太少的话，才过几个月就会发霉，发霉了的笋咸不能吃。这可是我们传家宝的秘诀，这项手艺就传给你了！"聊着聊着……不知不觉已经傍晚六点了，我兴高采烈地拿着闹钟向奶奶"报告"这个好消息，奶奶在我的欢呼声中掀开了锅盖，一瞧，嗨！满锅黑乎乎的笋咸好像在对着我笑。

奶奶高兴地对我说："这是你第一次煮笋咸，竟煮得这么好！每个都是黑色的，真不容易！你的火候也很到位，火太大，容易干；火太小，干不透。这个'咸的传家宝'你接受得很完美！"听着奶奶的夸奖，我连蹦带跳，心里有种说不出的高兴。一个个"小黑娃"被整齐地摆放进缸里，奶奶还郑重地和我说，这项传家宝传的不仅是手艺。那还有什么呢？噢，秘密！

秘密就是勤俭持家的精神。农村的地头间，魁梧的老汉看顶着午时的烈日，停下手中的锄头，一只手拿着一大碗白饭，吃一口，平淡无味，就一口切成丝一样细的笋咸，满足感溢满全身，便吞下一整碗饭，马上又投入到辛苦的劳动中……原来这个"咸味传家宝"加那么多盐不只是为了保鲜，也是为了补充流出的辛勤汗水，并给平淡的生活添加一丝咸味。

奶奶还将它做了改进，取出部分反复捞洗过后，在油锅中加糖水熬制，它就变成咸中带甜，味道鲜美，唇齿留香的另一种笋咸。我暗暗下定决心，一定要将这个"咸味传家宝"和它所蕴含的勤俭持家的精神一代代传下去！

晚上，一盘黑得有滋有味的笋咸摆上了餐桌，不消一刻工夫，这蕴含秘密的"咸味传家宝"就"传"进大家的肚子里。你们也来一起品尝吧！

节日里,那热闹的街上

许一山

春节里,街上真是热闹非凡,大人们在四处忙碌着;小孩们在四处向大人们拜年,而大人们会不厌其烦地给他们红包,而老人们也很高兴地等待着小孩子们来拜年要红包……

街上的节庆小商品真多!街上的每户人家都挂上了春联:有的写着"麒麟献瑞",有的写着"吉祥如意",有的写着"金端送岁"……多种多样,很多人都在门上贴一个倒过来的福,意思是福"到"(倒)了,福到(倒)了,窗户上,很多人的窗户上都"长满"了"痘痘",有的是一朵大大的鲜红色的花,有的是一个笑脸相迎的小娃娃,有的是一个大大的倒福,数不胜数!

街上的小吃真多啊!到处都是福州传统小吃,香气四溢,引得我口水都流下来啦!探头看看,摊子上有的是白胖胖圆溜溜的鱼丸；有的是椭圆形的扁扁的太平燕，有"保太平"的寓意；有的是一床床圆形年糕，寓意着来年"年年高"；有的是一个太极八卦阵的太极芋泥，颇有点"太极生两仪，两仪生四象，四象生八卦"的气象。

买年货的人真多啊，可以说是超市外面车水马龙，超市里面人山人海，好像黄金假期去景点一样，想转个身都难。妈妈匆匆忙忙地拿出购物清单，查看要买什么，"年糖、年饼、花生、瓜子……"妈妈自言自语道，然后她匆忙跑向年货的地方，弯下腰，拿起年货，放到了购物车里，我手里抱着各式各样的糖果：大白兔奶糖、花生糖、椰子糖都是我喜欢吃的，我露出了开心的笑容。抬头看到爷爷穿着爸爸买给他的板板正正的西装，配着他爱穿的运动鞋，正笑得开心，大家看到爷爷这时髦的穿衣混搭风也笑得前仰后合。

哎，要是每天都这样就好了，可是现实是，节日过后，人们又恢复了以往的忙碌，街上也冷寂下来了。不过，也正因为有了这样的衬托，节日的热闹才更令人觉得温馨吧！

捉 鼠 记

笑 匠

说起老鼠啊,那得从两个月前的一件事说起。

那天晚上,妈妈去上洗手间,突然一声尖叫就从洗手间里传了出来,我闻声而至,只见妈妈从卫生间里冲出来了,然后就紧紧地把卫生间的门关起来,然后调整了一下呼吸,紧张地对我说:"你的卫生间有老鼠。"边说还边往卫生间的门口张望,仿佛担心那只老鼠会撞门出来似的。

我穿上爸爸的皮鞋,鼓起勇气一把推开了卫生间的门,然后一侧身,闪进了卫生间里,然后小心翼翼地把门关紧,接着爬上马桶,鼓起勇气把灯打开,可是老鼠并没有像我想象的那样一下子跳出来,接着我听到了一种划水的声音,就往唯一有水的地方——水桶。看去,只见一只肥肥的老鼠正在水桶里努力划水,使自己不沉下去。灰灰的身子不断扭动，就好像在笼子里挣扎的小仓鼠，那时候不知道咋的，竟然产生了一种想把它抱起来摸一摸的冲动。

我一想，那老鼠活生生地在桶里不太好处理掉，如果把水倒到马桶中，马桶会堵住。拎到楼下可能途中会把水洒出来让老鼠跑掉，最后我决定将老鼠"扼杀在水桶中"。我先拿了一个不用的脸盆，将桶口盖上，防止老鼠逃出来，再拿了一个杀蟑螂的喷雾剂，将脸盆翘起一个小缝把药水一下子喷了进去，迅速盖上脸盆，不一会儿就听见了咕噜咕噜的声音，那老鼠一命呜呼了，后来我下楼请楼下收废品的阿姨上楼来将老鼠和水桶带下楼了。

我们本以为此事到此为止了，可没想到，老鼠竟然来我们家"报复"了。先是我们家的大蒜被啃得一个个牙印，接着，肥皂上也被啃了，家里的东西很多都被破坏了。

后来有一天，妈妈做早饭，突然看见了一只老鼠从微波炉后面跑了出来，冲到了下水道后面，妈妈又惊叫一声，从厨房"逃"了出来，让我和爸爸进去打老鼠，我们各穿了一双皮鞋，走进厨房，然后关上门，我拿了一个畚斗打老鼠，爸爸则拿了一壶开水，往老鼠的藏身之处泼去，那老鼠被烫到了，慌不择路，逃上了窗台，爸爸有一盆水浇下去，那老鼠吱吱叫了两声，掉下来了掉到了微波炉后面，这下不能用"水攻"了，只好等待了，这时，妈妈推门进了厨房和我们讲话,聊对策,门却忘了关,那只老鼠瞅准机会,一下子跳到地上,冲出厨房逃向我的卫生间一下子蹿上了我的热水器,我用畚斗砸也来不及了。

后来,那只老鼠通过热水器与吊顶之间的缝隙逃了出去,妈妈和爸爸为了防鼠,特地买了一堆防鼠工具,我经历了这次打鼠事件也变得更讲卫生——毕竟,老鼠最爱光临不够干净的地方。

"急性子"与"慢性子"

黄橙子

"妈妈,快一点,再不下去跑步就要九点了啊!""没事,迟一点没关系,不要一个劲儿地催啦!"星期四晚上,急性子的我与慢性子的妈妈又开始了一番"蚁斗蜗争"。

我嘟起嘴来,表现出一副无奈样子,眼巴巴地站在门口看着妈妈在屋里磨蹭。早上,和妈妈商量好晚饭后要一起去跑步,定好了准时八点出发,可现在时间已经过去了十分钟了,妈妈依旧不慌不忙地梳理着自己的头发,还不时照下镜子。"妈妈,再不走楼下的灯就全灭了,怎么跑呀!""好啦,妈妈很快就好,你稍等片刻,我找找那双跑鞋去哪了。"妈妈一边慢条斯理地打开鞋柜,一边安闲自在地回答着。

咦,家里突然变得好安静,难道妈妈已经准备好了?

可以走了？我的内心一阵狂喜，连忙跑到鞋柜边追问道："可以了吗？走吧，再不走我都困了。"天哪！妈妈还在鞋柜边慢悠悠地试着鞋子，终于等到穿好了鞋，一切看起来准备就绪，我急切地问："这下可以走了吧。"说完一边大步流星地向门外走去，一边向妈妈使劲儿招手。"等等，我再换套衣服。" 妈呀，我差点晕过去了，我又要空欢喜一场了，因为我知道妈妈绝不会随意拿件衣服套在身上就去跑步的。

  钟表不疾不徐地又走了一大半圈，看着妈妈慢吞吞的样子，我真恨不得把指针拨回原来的时间，把妈妈浪费的那宝贵时光都给追回来。"好啦，咱们走吧！"仿佛过了半个世纪，妈妈终于牵着我的手走出了家门。

  外面繁星闪烁，月亮静静地挂在天上，冲我们微笑着，它是笑我的"急性子"，还是在笑妈妈的"慢性子"呢？虽然我们很不一样，但我还是很爱我的妈妈，因为她会一直陪伴着我，是这世界上独一无二的妈妈。

妈妈"失踪"了

唐熠轩

"喂！妈，你在哪儿？"我焦急地四处张望，还是不见妈妈的踪影。哦！我的妈妈"失踪"了。

傍晚，我摸着自己那正在唱"空城计"的肚子，肚子好饿，去吃点东西吧，于是走到办公室，从妈妈包里掏出一张十元，出去吃拌面了。

回来后，我看见书包在保安室，心想妈妈把书包放在保安室，现在应该去骑电动车了吧！于是，我就坐在那等，"嘀嗒，嘀嗒——"时间一分一秒地流逝，可是妈妈还没来，我的心越来越慌张：妈妈到底去哪儿了？我今晚还有一篇日记要写呢！我再也坐不住了，背着书包，向着停车场的方向跑去。我站在拐角处，往停车场望去，只见一个人影在移动，啊！好熟悉的身影，好像是妈妈！我欣喜地跑过去，正想叫一声妈，却见那个人忽地转过身来，呀，不是妈妈！我的心里充满了失望！

妈妈，你在哪儿？你在哪儿？我找遍了整个校园也不见妈妈的影子。怎么办呢？难道妈妈扔下我自个儿回去了？我不禁心急如焚。对了，给妈妈打个电话！我无精打采地走回保安室，焦急地向保安叔叔借了电话，拨通了妈妈的手机。"你好！"电话里头传来妈妈那甜美的声音。"妈！你在哪儿？"我忐忑不安地问。"我马上过来了！"听到妈妈的声音，我心中悬着的石头终于落下了。

原来妈妈正和一位久别重逢的老师谈得起劲儿呢！真是虚惊一场！

那两个有趣绰号的由来

苏雾松

"及时雨"宋江、"小李广"花荣、"母夜叉"孙二娘这些都是《水浒传》中那些绿林好汉的绰号,而我呢?嗯,在小学混了五年,也得到两个有趣的绰号。

我的第一个也是最常用的绰号是"football",它是在三年级的一次英语课诞生的。英语老师正拿着一叠的单词卡片对着我们展示,同学们扯着嗓子大吼着那些单词。当老师翻到"football"时,微笑地说道:"这个词是我们这节课的关键词,接下来每人自读十遍。"紧跟着一阵躁动,大家像和尚念经般含糊不清地念起"经书"。我是个急性子,三下五除二就念完了。我觉得这个词念快了好像我名字的谐音。于是,我在好奇心的驱使下又重复地叨念了几十遍,太像了!下课后,我迫不及待地跟同桌分享我的发现,她也连连赞同。没想到的是,这个带有国际范的时尚谐音,就像新型传染病毒般迅速蔓延开来。我的第一个绰号"football"就此诞生,在同学心中顺理成章地成为我的"小名"。

我的第二个绰号"苏包公",是六年级的大哥哥们给我取的。怎样?光听这名字,是不是就有正义凛然味儿扑面而来!自从加入大队委,我独自勇挑每天的眼保健操检查及登记。这事直接关乎每个班级流动红旗的去留,我认定是一件非常严肃的事。因此,每天的例行检查我都像一只饿坏了的老虎,站在窗前,瞪大双眼,虎视眈眈地巡视着他们,不让一个犯规的同学成为漏网之鱼。所以,每天的登记本上总会留下那么一两个差。每个班的同学都希望我少"抓"一点,通融一点,睁一只眼闭一只眼,不要太认真。而我却始终觉得不能马虎,必须公平公正,坚持我敬职敬业的秉性,毫不留情,正所谓包公断案——铁面无私。那些大哥哥们说我的做事风格很像包公,就这样毫不犹豫地给我戴上了"苏包公"帽子。这个意外得来的绰号真是让我哭笑不得。

绰号的由来,它可能是闹着好玩的谐音,也可能是蕴藏着故事。总之,我那两个绰号还挺有趣的,你们的绰号又是怎样由来的呢?一起来分享吧。

"无机人"的一天

林 杰

姐姐是一个名副其实的"手机达人"。整天都是低着头不是玩QQ,就是看小说。只要有一天不碰手机,她就会发疯。这天,我和姐姐约定一天不碰手机。

规则如下:一、一天不看手机,电脑,可以看电视。二、只要被我发现有看手机或电脑,就要从她的零花钱中扣十元并转到我名下,哈哈!三、如果姐姐坚持一天不看手机或电脑的话,我就拿自己的零花钱五十元作为奖励。

游戏开始!姐姐立马开启电视机先看综艺节目,也许这样她才能控制住自己吧!时间飞快地流逝着,转眼间,一小时过去了,综艺节目演完了。她又开始乱换台,可就是没有她喜欢的节目,她绝望地说:"啊!我的节目呢?"

我笑着说:"现在是早上,综艺超难找哦!"

姐姐见状，立马想出第二个方法我睡、我睡、我睡睡睡！只见她翻了个身，伸了个懒腰，闭上了眼睛，开始睡觉了。谁知，她根本睡不着觉，躺在床上翻来覆去，她八成是想玩手机了。

这时，她忍不住了，开始找我要手机。我早就知道她会这样的，于是我把手机放到了"千里之外"，她万万想不到的地方——我裤兜里。我说："想要手机，找！"姐姐一听，跟打了鸡血一样地找了起来，她打开了所有柜子（包括衣柜），抽开了所有的抽屉，找了厨房又找卧室。突然，她觉悟了。跑向了客厅。最后，她满头大汗地跑到了我面前，说："你是不是在逗我，根本没有手机！"我摇了摇头，就在这时，手机掉了出来。我以迅雷不及掩耳之势把手机捡了起来，姐姐见状，立马向我扑来，我很快闪开。这时，姐姐向我冲来，我也不甘示弱，撒腿就跑，要知道我可是跑步第三名，怎么能被她给追上呢？

正当我聚精会神地做作业时，姐姐突然抢走了她的手机，就在她准备打开手机的时候，我就大声地说："想不想要五十元！"姐姐一听，这才缓过神来，原来游戏还没结束，乖乖地把手机交给了我。

晚上综艺节目可就多得多了，姐姐这一天没看手机，她终于做到了，也赚到了五十元。在这里也要提醒大家，手机虽然非常好玩，但是也不能过分痴迷手机！

抽屉历险记

林子荃

我的弟弟长大了,经常做一些令我哭笑不得的事情。

他现在借着学步车,把领地从卧室扩展到了全家的每一个地方。最近,他又学会了一项新技能——开抽屉。每天他都要"驾驶"着他的"座驾"去我房间探险,还把我的东西弄坏,真让我头疼!

最近,我发现弟弟开抽屉也不是件坏事。

那天,我正在做作业。做着做着,我突然觉得奇怪,弟弟怎么没来找我玩呢?我跑出去一看,原来啊,弟弟正在客厅翻箱倒柜,不亦乐乎。妈妈跑过来一边收拾东西,一边对弟弟说:"小坏蛋。"弟弟却一脸无辜地看着我们。真让人哭笑不得!

"咚咚咚",弟弟又干了什么坏事?我忍不住跑出来一看,原来,弟弟打开了另一个抽屉,抽屉里藏着一包我最爱的牛乳饼干。可能是妈妈怕我吃了上火,没想到,这个秘密被弟弟发现了。"弟弟,我爱你!"我冲上去给弟弟一个大大的拥抱,给他一个甜甜的吻。

每天我们家都上演着这样哭笑不得的新鲜事!

养 猫

陆玺同

你们喜欢猫吗？养过猫吗？因为佩服《哆啦A梦》里智慧又正直的猫，我就特别喜欢猫，而且发现真正的小猫也是萌萌的样子，很可爱，就给自己取了一个别名叫小猫，还缠着妈妈要养猫。可妈妈不同意我养猫。突然，在我还沮丧失望时，老天爷给了我一个养猫的机会。这是怎么回事呢？

哦，那是一个凉意逼人的秋天晚上，我和爸爸妈妈在小区里看餐具时，我听见小猫在草丛里喵喵叫。我觉得它的叫声可怜无比，心疼它，就叫爸爸妈妈过来看。

我跟爸爸说想把小猫抱回家养。爸爸说："猫妈妈可能出去找食物了，我们明天再来看它吧。"我恋恋不舍地离开了，真是一步三回头。在我们回家的路上，妈妈看见福鼎肉片，就买了一份送到小猫身边，留给猫妈妈吃。

第二天，妈妈送我去上学后，去小区里看小猫，发现福鼎肉片没有被吃掉，说明猫妈妈昨晚没来照顾小猫，可能遗弃小猫了。妈妈看小猫又冷又饿又孤单，十分心疼，就把小猫带回我们家了。回家后，她用毛巾包着小猫，还去宠物店买羊奶粉喂小猫。

我回家后看到小猫十分惊喜。我知道，妈妈把小猫当成我来疼爱了。我想我要好好爱护这只可怜的小猫。这只小猫长得很可爱，鼻子上的毛是黑色的，其余的毛是白色的。它还没有睁开眼睛，可是很活泼。我跟妈妈说，等小猫睁开眼睛后，我就带它坐飞机看世界。妈妈说，小猫离开了猫妈妈很难养活，真令人担心呀。

果然，几天后，小猫在睡觉时去了天堂。我和妈妈都很难过。小猫还没有睁开眼睛看过真正的世界，只能在梦里想象它的世界，多遗憾。而且我养猫的愿望刚刚实现，却像昙花一现，很快就凋零了。妈妈见我情绪很低落，就说养猫的事件应该让我明白没有妈妈的孩子很可怜，让我要珍惜现在拥有的幸福生活，又问我养猫的感悟是什么。我说生命很宝贵，要好好珍惜，不能轻言放弃。

盲鼠摸象

苏子博

从前,有七只瞎老鼠一起居住在一个大池塘边。它们经常在池边散步。有一天,池塘边来了一个怪东西。自从这个怪东西出现后,七只瞎老鼠散步时总是撞上它,有时还会发出"砰"的巨响,老鼠经常被撞得晕头转向,分不清东南西北。于是,它们决定去查清楚这个怪东西到底是何方神圣。

星期一,红老鼠在黑漆漆的夜晚出发,蹑手蹑脚地来到怪东西跟前,准备去"看"明白。它在黑暗中碰到一个硬邦邦的东西,就在那个东西上小心翼翼地爬上爬下,一边触摸一边自言自语道:"这不就是一根大柱子吗?"于是,它急匆匆地跑回家,迫不及待地告诉朋友们:"那个怪东西是一根巨大的通天柱,我们不小心撞上时发出的声音,其实就是天神生气发出的响声。"可是,其他瞎老鼠都不相信它，红老鼠只能扫兴地上床睡大觉了。

星期二，绿老鼠也趁着夜色悄悄地靠近怪东西，纵身一跃，跳上去东摸摸西摸摸，心想："这怪东西软软滑滑的，上下还有些弯曲呢！"突然，有股热气朝它的身体喷来，绿老鼠不禁尖叫，学飞鼠张开双臂跳下，一瘸一拐地回了家。它惊惶失措地讲述它的观点："那个怪东西是一条软滑弯曲，能喷着热气一口吞掉我们的大蟒蛇。"其他瞎老鼠开始半信半疑了。

星期三，持有怀疑态度的黄老鼠壮着胆来到了怪东西的身旁，提心吊胆地爬到一根坚硬的东西上，来回不停地绕着触摸。嗯，我知道这怪东西是什么了。黄老鼠快速地跑回家，绘声绘色地向大家叙说："今早，我亲自爬上那怪东西，来回触摸了多遍，它是一根长长的、尖尖的长矛。"现在究竟谁的话才是真的，大家被弄得一头雾水。

星期四，紫老鼠在实验室里忙碌了半天之后，背着一个飞行背包飞向池塘的怪东西身上。它开始攀爬、触摸，手感坚硬，方位倾斜陡峭，心想："这肯定是一座悬崖峭壁的山峰。"于是，紫老鼠充满自信地飞回家，将它的观点告诉大家。这下可好，没有一只老鼠相信它的话了。

星期五，橙老鼠偷偷地上路了。它到怪东西旁边，奋力地往上爬，最终来到了一片薄薄的地方。瞧，这东西还会抖动扇风呢！橙老鼠在这这片地方上下左右摸爬，断定它是一把大扇子。它非常满意地回家，兴致勃勃地告诉大家它的新发现。结果一样，大家都不相信它的话。

星期六，蓝老鼠也决定去探个究竟。它迎着刺骨的寒风向怪东西走去。听到了巨大的响声，它向上挥动双手，抓住了一条粗糙的东西。努力上下爬行，心想："原来这怪东西是条长长的粗绳啊！"它立刻跳下粗绳，回家告诉它的伙伴们。因为大家都亲自出马，拥有自己的想法，都不相信蓝老鼠的话。

六只老鼠渐渐地争吵了起来，大家各执己见，互不相让。抗议的，尖叫的，争辩的，怒吼的……此刻，它们真是吵得不可开交啊！最后，白老鼠大声喊道："大家都别吵了，一起跟着我再去看一看，不就清楚啦。"七只瞎老鼠一起来到怪东西的旁边，白老鼠率先爬上去，从前头到后头，从左边到右边，从上方到下方，从四周到中间走了个遍，不禁呵呵地笑起来，哼哼了一首打油诗：红老鼠，爬柱子；绿老鼠，抱蟒蛇；黄老鼠，摸长矛；紫老鼠，攀峭壁；橙老鼠，扇扇子；蓝老鼠，抓绳子；跑一跑，摸一摸；怪东西，揭面纱。其他瞎老鼠听了打油诗，都争先恐后地往怪东西身上爬去。大家恍然大悟，原来自己感觉到的只是怪东西身体的一个局部，没有像白老鼠那样全面弄清楚怪东西的整体。最后，瞎老鼠们异口同声地说："原来怪东西是一头大象呀！"它们决定在大象的身上举办一场盛大的晚会。

其实啊，做事要了解事物的整体，不能管中窥豹，以偏概全。七只瞎老鼠懂得了这个道理后，把家安在大象的身上，随大象环游世界。

我是一棵树

陈姝蕾

我长着粗壮的枝干，可是我的身高比成年的大树还是矮了一大截。年复一年日复一日，我在这郁郁葱葱的茫茫森林中开心快乐地成长着。春天，我发芽了，枝干抽出许多新叶；夏天，我展开双臂为大家挡雨乘凉；秋天，我身上的叶子渐渐枯黄、纷纷落下；冬天，我披上了雪花为我做的"冬衣"。

早晨，我伴随着鸟儿的歌声醒来，露珠在我的叶片上滚动着。阳光像一缕缕金色的细沙，穿过我层层叠叠的枝叶，洒落在草地上。一阵清风吹过，小草们在微风中朝我点点头，我也对它们点了点头，微风中带来花儿们的芬芳清香，小溪中那潺潺的流水声在微风中久久地回荡着。这让人心醉的迷人景色令我睡意全无，美好的清晨让我心情愉快。

午后,"沙沙沙""沙沙沙",暴风雨来了,许多小动物和人类都来找我的"大伞"躲雨了,他们左冲右撞地向我奔来,仿佛我这儿就是他们最安全的港湾。这时的我心里想:"如果我再长大一点就好了,这样每个人都能在我的'伞'下躲雨了。"过了一会儿,暴风雨悄悄地走了,我的叶片在暴雨的冲刷后显得格外干净起来,森林也渐渐恢复了往昔的平静。小鸟唱歌给我听,松鼠给我送来了松果,猴子给我送来了香蕉。人们也各自忙各自的了。有的去接孩子放学;有的把水卖给游客;有的开始喝下午茶了。看着这美好的一切,我感觉到自己太幸运了,因为我交到了许许多多的好朋友。

渐渐地,夜幕降临,森林里的联欢晚会在我的"伞"下召开了。我跟随着百灵鸟的歌声挥起手来;猴子在欢快地表演杂技;小猫走起了曼妙的模特步;松鼠跳起了动人的舞蹈,大家都看得入迷啦。这场"联欢晚会"实在是太精彩了,让我这位观众一会儿哭泣、一会儿尖叫、一会又捧腹大笑。难忘的美好时光总是要过去,在大家相互的告别声中,"晚会"结束了。大家都回到各自家中美美地睡起觉来。而此时的我望着天空上闪闪的星光,又看看身边呼呼大睡的小鸟们,心想明天还能跟自己的小伙伴们玩,还可以看到悠闲自在的人们,我的心里美滋滋的,想到这儿,我也不知不觉进入了甜蜜的梦乡。

拔牙三部曲

郑秉坤

第一部曲（害怕指数☆☆☆）

这几天，不知道为什么，我的牙齿旁边居然突兀地冒出了一颗小小的牙齿，为了宣告它的存在，把原来的大牙挤得歪歪扭扭的。大牙也真是顽强，扭归扭，可就是不离开自己的岗位。我本想瞒着这个情况，可是晚上刷牙的时候，不幸被妈妈察觉到了。于是，周末的上午，不管我怎么呼天喊地，妈妈还是坚决把我带到了口腔医院。在排队等候的过程中，我回想起过去拔牙时的画面，真是不堪回首啊，我的两只脚不停打着哆嗦，背后衣服早已被冷汗打湿了一大片。

第二部曲（害怕指数☆☆☆☆）

医生叫到我的名字的时候，我压抑着怦怦直跳的小心脏，用灌了铅一样沉重的手，缓缓地推开医务室的门。医生的白大褂一映入我的眼帘，我就恨不得转身就跑，可惜，又被睿智的妈妈发现了。我勉勉强强地躺在病床上，医生仔细检查了我的牙齿，温和地对我说："你可以选择拔牙，或者选择让它自然脱落。"我毫不犹豫地喊道："那就让它自然脱落吧！"可惜，妈妈还是坚持要拔掉它，我用哀怨的双眼可怜巴巴地望着妈妈，脑袋瓜就像拨浪鼓一样摇个不停，这些动作都动摇不了妈妈的决心，她当机立断地说："拔！"我的世界顿时一片黑暗！

第三部曲（害怕指数☆☆☆☆☆）

在妈妈的强迫下，我无奈地又爬上了病床，乖乖张大我的小嘴巴，快被消灭的大牙也伤心地在口腔里晃来晃去，我仿佛听到小牙得意的笑声："哈哈哈，谁让你不给我让出位子。"医生用针筒把麻药注入我的牙龈，然后转身去写病历，我望着旁边虎视眈眈的妈妈，断绝了逃跑的念头，绝望地闭上了眼睛。不一会儿，我只感到一个硬物碰到我的牙齿，我偷偷睁开一条细缝，原来就是医生手上那万恶的钳子，它凶狠地张开大口，嗷呜一下叼住我的大牙，虽然打了麻药，可我还是呜呜呜地叫了起来，医生小心翼翼地夹住牙，忽然一拔，我感觉被一只大屁股的马蜂扎了一下，牙齿就光荣地牺牲了。医生让我含着棉花止血，半小时后再吐掉，还细心地交代了其他注意事项。

在回家的路上，我回想起今天拔牙的过程，觉得作为一个男子汉，不应该面对困难有畏惧的心理，下一次，我一定要做个勇敢的孩子。

家乡的小巷

李 娟

　　家乡的小巷,记录了我的童年,记载着一段属于我的回忆。

　　我的家乡,只是一个小小的县城,一点也不大。路也不怎么宽,房子与房子之间,有数不胜数的仅能过一辆摩托车的小巷。我的家,就在这些错综复杂的巷子里。小时候的我,总认不清回家的路,没有大人带着就会迷失在巷子里。可在一次走丢后,我总算认清了回家的路。

　　以前,大人都喜欢带着我在巷子里逛,去找邻居的孩子或邻巷的孩子玩。虽然我很喜欢一条条各不相同的、可爱的、有趣的、美丽的巷子,但无论走多少遍,我仍记不住哪条巷子能回家。一次傍晚,家里的盐没了,妈妈就让我拿来了钱去买。走之前,妈妈认真地对我一遍又一遍地说:"出了门先往右拐,再向左拐,然后再右拐三个弯,左拐二个弯……找的钱应是三元。""我知道了!"我信心满满地大声说然后就出了门。"右拐,左拐,再右拐、右拐、右拐,左拐、左拐……"我一边走一边念,终于到了粮油店。买了盐,找了三元,我回头准备回家。走进幽深的巷子,我却忘了路。惨了,刚才和老板说了几句话,路给忘了。一时间,我的脑海里只有这个念头。我胡乱拐了几个弯,想碰碰运气,不料却越走越陌生,我愈告诉自己:不要慌!却愈是慌张。眼泪从眼睛里溢了出来,我害怕极了,天也越来越黑了。我走呀走,可就是没有家的影子。

正在这时,一个黑影出现了,我哭得泪眼模糊,什么也看不清。我抹了一下脸,抬头一看,啊!是出来找我的妈妈,我一下子跳到妈妈身上,抱住了她。妈妈带着我回家了。

从那以后,我终于记住了回家的路。而现在,每当我看见小巷,总会想起这件事,也会想起和朋友玩耍的开心时刻,妈妈来找我的温暖身影。

抽象画总动员

叶 展

"猴子大王"——我们的作文老师,她说今天要让我们画一座山、一条河、一所房子、几条小鱼、几只小鸟和几棵树……

这还不容易嘛!我立刻开始构思:一个晴空万里的早晨,太阳露出了半个脑袋。即使只有半个脑袋,可也照亮了远处的山峦;在山的前面,有一片宁静的小村庄;村庄里有一栋干净的小房子,正升着缕缕炊烟;在小房子后面,有一大块麦浪,一群帅气的披着金色外套的小麦正弯腰低声交谈呢;而麦田后面有一条清澈见底的小河,河中有几条穿着"铠甲"的鱼儿正在快活地游来游去……

我们都自信满满的,正要拿起笔来作画时,"猴子大王"突然来了一句让大家都震惊的话:"画画,大家得全程带上眼罩"。天呐,这怎么画。可在老师的要求下,最后，我们只能面对"漆黑一片"的世界硬着头皮完成了这幅"美妙"的画画作品。

终于画好了，我怀着期待的心情，摘下了我的眼罩。眼前却是一幅"辣"眼睛的"鬼画符"：太阳像一个被切了一半并插上刺的皮球；这个山小得像一株小草，上面还有一个大大的坑；而房子肯定是被建反了，竟然倒着的，似乎更像是个蘑菇；这只鸟也太大了吧，一个嘴巴就有太阳那么大了；鱼却生活在鸟的身上了；而这几棵树的根像一个个坑，树叶像一朵云，占了画纸的四分之一……

哎！真是一幅正宗的"抽象画"啊！

我赶紧扭头再看看同学们的画：咦，有的画得很好哦！有的画得和我一样"抽象"；还有的画得不离谱也不靠谱……

原来闭眼画画也是这么有趣的一件事啊！简单的事换种方式做也能产生意想不到的新乐趣，我们要勇于去尝试。

那一杯牛奶

姜涵钰

窗外,一轮明月爬上树梢,柔和的月色轻轻地洒落下来。我做完了作业,随手翻开我的相册。你看,这张是妈妈教我蹒跚学步,那张是爸爸背着我爬山,还有……突然,我紧紧地盯着一张照片,眼见浮现出一段往事。

那是一个夜晚,是我期末考的前一天。我坐在书桌前,手不断地翻动着语文书的书页,眼紧紧地盯着,可一个字也看不进去。我烦躁地起身,坐下,又起身,又坐下。一阵风从窗户的缝隙吹进,胡乱地翻动着我的语文书页,我更加烦躁了,用力地把窗户关上,"啪!"重重的一声,伴随着房门轻轻地被推开,妈妈轻手轻脚地走了进来,生怕打扰了我,桌面上多了一杯牛奶。"喝点牛奶吧!"妈妈关切地说。

"我不喝。"我不耐烦地拒绝了,却没有看见妈妈眼中的关心。

"别复习了,都这么晚了,喝点牛奶去睡吧!"妈妈耐心地劝说着,说着还给我铺好了床。

"我都说了,我不喝,我要复习。"我烦躁极了,心中对妈妈充满了厌烦。

"喝点儿吧!"妈妈再一次说道,语气里充满了恳求。"你烦不烦!"我爆发了,我偏执地认为妈妈打断了我的复习,重重地一推,"啪!"牛奶杯在地上碎成了好几瓣,那滚烫的牛奶泼洒而出,有好几滴溅到了妈妈的脚上。妈妈的脸上出现了惊慌与疼痛,她往后倒退了几步,却马上看向了我,那眼神里是不变的关切。我的心中出现了难以言喻的后悔,我张了张口,却不知该说什么。妈妈没有言语,只是静静地退出了房间。我呆呆地站着,呆呆地看着那一地牛奶和铺得整齐的床,突然,我的眼眶红了,我冲出了房门,看见了妈妈,她的手上拿着扫把,我的心像被人抽了般的疼痛,"妈妈,对不起!"我大声说着,泪水止不住地流。"没事,去睡吧!"妈妈拍了拍我的背,是那样平静,我哭得更加大声了。

爸爸从房间里走了出来,看到相拥哭泣的我和妈妈,有些哭笑不得:"哭什么呀,明天考试,快去睡吧!"显然,爸爸是知道发生了什么的,我抬起满是泪水的脸。"咔嚓",爸爸手中的手机对准了我,按下了快门。照片里的我眼眶红红,满脸泪水,妈妈则是一脸温柔的微笑……

这张照片,承载着妈妈的爱……

丰富多彩的叶贴画

李芷宁

绘画种类繁多，可以令人眼花缭乱：油画、水粉画、儿童画、素描画、剪贴画……但是，你知道一种叫作叶贴画的画吗？

我先拿起自己的水粉颜料和水粉专用笔，率先将叶贴画中的叶子不能表现的景物用水粉画上、晾干；接着，我开始实行之前在脑海中的一切：挑出一片细长翠绿的叶子，剪成两半，削去叶梗，摆在了洁白如雪的纸上，那两半叶子好像想与我嬉戏似的，不断地请求风婆婆将它吹下书桌。一气之下，我用别样的方法切断了它们之间的联系——关门关窗。可它依旧不死心：嘴一翘、脚一顶，借助自然界的力量离开了原先的位置。我火冒三丈，可这又有什么用？叶片终究是物，非人。于是我只能拿出一块小橡皮，压在了叶片身上，此刻的它总算放弃了挣扎……

随后,我仔细地端详了一番这幅画,皱着眉头自言自语道:"还是不够生动、活灵活现啊!"显然,我的手还没有巧到变异的程度。我灵机一动,想:换片叶子不行,难道修剪还不行吗?受此想法牵引,我拿起剪刀,紧握住它,额头随之冒出了一片细密的汗珠。要是剪坏了,可没有多的啊!我提醒着自己。我剪下了枯叶中最金黄的部分,仍为叶片形。我将它贴在了纸上。"成功了!"我发自内心地笑了出来。立刻,我有了"再剪一片"的想法。因而剪下一片。经过我的反复修改,这幅叶贴画的"夕阳西下"主题也渐渐突出。

最后的部分是粘贴。"叶贴画"关键不是在于之前的拼、剪,而是在于贴,不然,"叶贴画"为什么叫"叶贴画",不叫"叶拼画""叶剪画"呢?贴的过程比我想象的还要顺利得多,因此,贴的时间在挑选、摆放、修剪与粘贴四个步骤中,粘贴反而是最快的一个,现在,让我来描述描述这幅画吧!

原本蔚蓝的天空在金红的太阳、橙金的火烧云的照耀下藏了起来,留下淡紫的余晖,在天空中若隐若现。一片碧绿的湖水也在阳光下泛着金红的光芒。湖水中央的小岛上的植物绝对配得上"种类繁多"这个词汇:薄荷草、四叶草、枯木、松树、柏树……翠绿、金黄、淡紫、乳白、淡黄,各种各样的颜色在天地之间交映生辉,散发出蓬勃的生机。这些颜色来自于各种各样的物:天、云、草、树、水、雪、霜。湖中的碧水还时不时泛着层层涟漪。

  一片宁静、祥和的美丽景象，就通过一张精美、精致的叶贴画降临到了我们的脑海中。

秋 姑 娘

黄辛桅

　　秋天,来了。伴随着秋姑娘沙沙的足音,伴随着秋姑娘轻轻的喘息,伴随着她化成片片落叶,我们知道,秋天来了。

　　秋天的天空,一碧如洗。一点点闷热化为一片片白云,慢慢地消散,离去。如果说夏天的天空是太阳和云的约会,那么秋天的天空,就是秋姑娘自己的舞台。云朵知趣地缓缓退场,而太阳也早已娇羞地化成了一团红光。在舞台上方,一边欣赏秋姑娘曼妙的舞姿,一边化为这场舞台的灯光,把柔和的光线缓缓洒在秋姑娘的身上。

　　跳累了,秋姑娘便化为一道风,轻轻地,缓缓地,随着太阳的眼神,随着云朵的掌声,徐徐落地。她落在了田野里,温婉地站起身来,轻快的脚步在松软厚实的黑泥土上迈着。提醒着田野里的小动物:"冬天就要到了,要准备过冬了！"听到了消息，小动物们立刻行动起来，开始准备食物了。看！小青蛙蹦蹦跳跳地跟着妈妈，努力地跟随着妈妈，努力地捕捉食物；初次自己过冬的小蛇赶忙挖起了洞；看！树上的小松鼠和花栗鼠正争着一个又大又香的松果呢！秋姑娘看着忙忙碌碌的小动物们，微微一笑，继续在田间地头散步。她慢慢地走着，轻轻地踮起脚尖，生怕吵醒了正在睡懒觉的小猫咪。

秋姑娘纵身一跃，化为一场秋雨，欢呼着，跳跃着，她跳过一片片叶子，叶子就变得五彩缤纷，姹紫嫣红；她跃过一片片田野，田野便立即金黄四溢，五谷丰登；她跨过竹林，飞过池塘，跑过山峦，最后降落在树林里；她轻轻地抽出秋之画笔，在林子里尽情地作画；她跑着，跳着，在枫叶上添上一抹红，在银杏上刷一层黄，在柳叶上点几点绿；她奔着、跃着，在鸡冠花上添上几丛火红，在迷迭香上染上一片紫色。

闹够了，画累了，秋姑娘拉上落叶被子，睡着了。第二天，人们发现在这层峦叠嶂的树林里，盛开着一朵金黄的菊花。

那天的笑声

刘妤婕

我有一张珍贵的照片,那是我第一次学会骑自行车时爸爸为我拍的照片,照片中的我,并没有"正眼"对着镜头。而是想看镜头,但又怕失去平衡而垂着眼帘,可好笑了。

当时正是一年级的暑假,我正处在好动时期。吃过午饭,我脑子里突然蹦出一个好主意,去学骑车!我不假思索,直接跑进房间拽着爸爸撒娇,说我要学骑车。爸爸也二话不说,先借了辆车给我去学。

刚开始,我连坐都坐不稳,接连几次都差一点跟地板来一个亲密接触。"慢慢来,不着急。"爸爸温润的声音传来了。我听着爸爸的提醒,好似施了魔法,竟开始慢慢找到感觉了。爸爸扶着车的后座,让我把控好摆头,慢慢踩踏板。哇,我似乎真的在骑,感觉真不一样,我们这样"骑"了几个来回，我决定，开始让爸爸慢慢放开手来试一试。我摆正了摆头，系好了鞋带，正好了衣服。俨如一副上战场的模样。爸爸不禁哈哈大笑，但还是扶好了后座。我踩着踏板，全然不顾什么，身边的树一排排地向后倒去，花儿也被我"带来"的一阵风而舞动。爸爸似乎慢慢松开了手，我感受到少了一股力。我感觉就如飞起来了一般，跟平常坐在爸爸电动车后坐完全不一样。爸爸在后头为我竖起大拇指！坏事总是在后头——我得意过头了，回过头看了爸爸一眼，结果车子马上就要骑进草丛了！

就在这千钧一发之际，爸爸冲了过来，拦住了就快失控的车子，没让我摔个"狗啃泥"。我们对视一眼，都大笑起来。

那天，我们练习到太阳依偎着大山时才回家。

第二天，爸爸的腰便疼了起来，原来是昨日扭伤了。我望着贴着膏药的爸爸，心中似乎又一股暖流流淌全身。

现在每次骑上自行车，我都会记起那天父女俩的笑声，那是童年的、满含着父爱的快乐！

门，开了

林晨悦

一个普通的夜晚，妈妈出差了，吃晚饭后，我便回到房间写作业。

我盯着一道题目，冥思苦想了好久，愣是想不出来，往常，当我遇到不懂的题目都是直接问妈妈，可今天，我只能问爸爸，但又觉得难以开口，我跟爸爸两人之间就好像隔着一扇门，他不进来，我也不愿意出去。这时，一阵敲门声在我耳边响起，同时爸爸的声音也传来："作业写完了吗？"我慢吞吞地回了一句："没……"我不由得加快写作业的速度，过了约莫半个小时，作业都写完了，只剩下之前那道解不出来的题。

我在房间里来回走动，最终决定去问爸爸。我小心翼翼地靠近爸爸的房间，因为在我的印象中，爸爸不善言辞，也不太喜欢被人打扰。这时，门从里面打开了，爸爸似乎知道我在门外。

"爸爸，作业……"我刚开口，爸爸就好像知道我的心思似的回答："不会做是吗？过来，我看看题目。"我心中一惊，快步拿着作业上前，生怕下一秒他就会生气。我呆呆地望着爸爸，讲了什么我完全没有听进去。"现在会了吗？"一道低沉的声音把我拉回现实，"啊？能不能再讲一遍，我刚刚没注意听。"我弱弱地问了一句，谁知，一向不苟言笑的爸爸此刻嘴角微微上扬，还耐心地又讲了一遍，我不由得怀疑这个爸爸究竟是真的还是假的。

直到后来，我才明白，那天是爸爸想要打开那扇门。而那扇门，至今也没有关上，再也不会关上。

爸爸的背上

张楚涵

那年暑假,我们一家去厦门旅行。晚上,我吃完饭,忽然肚子就痛了起来,一阵阵的抽痛,使我难受得直不起身。当时爸爸妈妈本来要带我回去,但我坚决不同意,只好让我继续旅行。

当时还小的我本来体力就不是很好,再加上肚子痛,简直是举步维艰。爸爸见我这样,便说:"你这样也没心情看风景,我背你,就不会那么累了。"我知道爸爸腰不好,于是摇了摇头。但爸爸却直接将我背在了背上,我似乎听到了爸爸的筋骨"咔嗒"了一声,一直很担心。

在爸爸背上确实轻松了很多,可以好好欣赏风景了,我的心情也好了很多。但爸爸背上湿透的衣襟使我回过了神,我马上小声地问了爸爸一声:"爸爸,您累了,我自己下来走走吧!"爸爸却把我往背上推了推,笑了笑说:

"怎么会累呢？你这么轻！"我也继续趴在爸爸背上，不好说些什么了。但爸爸脖子上的汗珠和时不时喘的粗气却出卖了他，即使他脸上挤出的笑容也掩盖不了。越往上走，爸爸的气喘得越厉害，身子似乎也有些发抖。我的心里满是对爸爸的内疚：如果我没有执意要留下来旅行，爸爸就不会这么累了。

到了山顶，看着爸爸大汗淋漓、气喘吁吁的样子，我不禁红了眼眶，我别过头，倔强地不让眼泪留下来。

我想，也许时光会流逝，往事会忘却，但爸爸的背，永远能让我安然依靠。

冬日·细雨·母爱

蒋丁凌

"嗞嗞嗞——嗞——"这早上独有的噪声成功地吵醒了我。我咕哝着:"大清早的,吵什么吵呀!"说罢,我便从温暖的被窝里爬了出来,从门口探出头,眼前的这一切使我把嘴边的抱怨咽了回去。

妈妈手拿搅拌器,大力地搅拌着盆中的奶油,我不禁跑过去帮帮她。这时,妈妈的额头流下了豆大的汗珠,妈妈满不在乎地甩甩头。她,应该干了很久了吧!妈妈搅啊搅,不时停下来活动活动手臂,大概有点儿酸痛了吧!不知过了多久,妈妈终于完成了。她长舒一口气,但丝毫不敢停歇,拿起小铲,把奶油均匀地涂在油纸上。"乒乒乒乒"地把架子放进了烤箱。

我开始自责起来,"你平时还好意思嫌奶油难吃?真是太可恶啦!""叮咚!"烤箱的提示音把我从游神中拉了回来,妈妈正把蛋糕从烤箱转移到石桌上。刚把滚烫的蛋糕"移民"成功,妈妈就丢下抹布,轻声叫唤起来,不时还担心地朝我们这边张望,吓得我直往门后缩。窗外的细雨飘飘,像银针一般落下。一贯注重形象的妈妈,这时似乎显得苍老,脸上的细纹里包含着疲累。我陡然鼻子一酸。回到房间,洗漱换衣,准备去上课。

一出门,妈妈就揣起一盒蛋糕,匆匆跟过来,把蛋糕放在了我怀里,说了声:"快走!"就转身启动电动车,准备出发。蛋糕的香气钻进鼻翼,顿时消失得若有若无,但温热的温度却永留在了我的心田深处……

与山珍海味相比,我更爱简朴但爱意浓浓的家庭小菜。在那个冬日,在那个细雨蒙蒙的早上,是她,教会了我爱。

走过那一拐角

吴斯涵

清润的月光搁浅在脚下。我一步,一步,走过那一个拐角,踏进那小巷里。那条布满苔藓的青石小路,被我浅浅的跫音叩响。
——题记

漫步街头,抬眼望去到处都是灯红酒绿,一片繁荣的景象。在光的折射下商店橱窗投射出耀眼的光,显得更为光彩艳丽,街上人山人海好不热闹。

"喵"一声猫叫吸引了我的注意。只见猫咪矫健地在人群中穿梭,我快步紧跟着。抬头一看,发现在昏暗路灯下周围竟是陌生环境,心里顿时一紧。

走进拐角,回头看看这小巷子,没想到在这热闹非凡的商业街竟然"藏"着条巷子?也许是平时没多留心观察,看着热闹非凡的商务街和这格格不入的逼仄破旧的小巷子，好奇心压过了紧张感，我壮了壮胆子走了进去。

　　入眼的是那破旧的老房子以及放置在一旁的工作服装。是了，这就是那些勤勤恳恳工作的工人们。我想大多数工人都有着另一个称呼——叫"外来务工人员"或"农民工"。

　　为了生活为了未来，他们有些人拖儿带女来到城市扎下了根，却发现城市并没有想象中那么美好。习惯了青山绿水的双眸第一次触碰到了高楼大厦、车水马龙，手指怎么也数不清写字楼的层数。在城市人异样的眼光中，他们第一次明白了户口本和暂住证的区别。他们勤勤恳恳地工作着，为了生活为了未来为了那薄薄的户口本更为了儿女们良好的生活条件努力拼搏着。

　　泪眼中城里的星空没有家乡的明亮，他们默默许下愿望，希望明天有好天气方便开工干活。

　　仰望天空，我在沉思，究竟是什么，让仅仅一墙之隔的人们有着截然不同的追求？让仅仅一墙之隔的人们有着不同的生活条件？

　　虽然他们和别人有着不同的生活，虽然他们和别人有着不同的追求，虽然他们和别人有着不同的生活条件。虽然有很多个"虽然"，但是就算有一个"但是"也就足够了。

　　我相信这不会很久，我相信这很快就能改变，我相信农民工也可以有很好的待遇，我相信中国有这能力！

　　走过那一个拐角，我在沉思……